I0112309

222

CHATEAUBRIAND

OUVRAGES DE L'AUTEUR

COURONNÉS PAR L'ACADÉMIE FRANÇAISE

— ⚬ —

HENRI IV (2ᵉ prix Gobert, 1872-1873).

ÉLOGE DE MARIVAUX (prix d'éloquence, 1880).

LES FEMMES PHILOSOPHES (prix Marcellin Guérin, 1882).

RIVAROL ET LA SOCIÉTÉ FRANÇAISE PENDANT LA RÉVOLUTION ET L'ÉMIGRATION (prix Guizot, 1885).

ÉTUDE SUR BEAUMARCHAIS (prix d'éloquence, 1886).

COULOMMIERS. — Imp. PAUL BRODARD.

CHÂTEAUBRIAND
D'APRÈS LE PORTRAIT DE GIRODET 1809
Conservé au Musée de St Malo

LES GRANDS ÉCRIVAINS FRANÇAIS

CHATEAUBRIAND

PAR

M. DE LESCURE

PARIS

LIBRAIRIE HACHETTE ET C

79, BOULEVARD SAINT-GERMAIN, 79

CHÂTEAUBRIAND

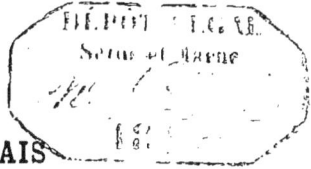

LES GRANDS ÉCRIVAINS FRANÇAIS

CHATEAUBRIAND

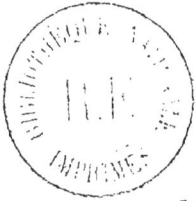

PAR

M. DE LESCURE

PARIS

LIBRAIRIE HACHETTE ET Cie

79, BOULEVARD SAINT-GERMAIN, 79

1892

Droits de traduction et de reproduction réservés.

A

Monsieur A. BARDOUX

MEMBRE DE L'INSTITUT
VICE-PRÉSIDENT DU SÉNAT

Hommage de respectueuse affection

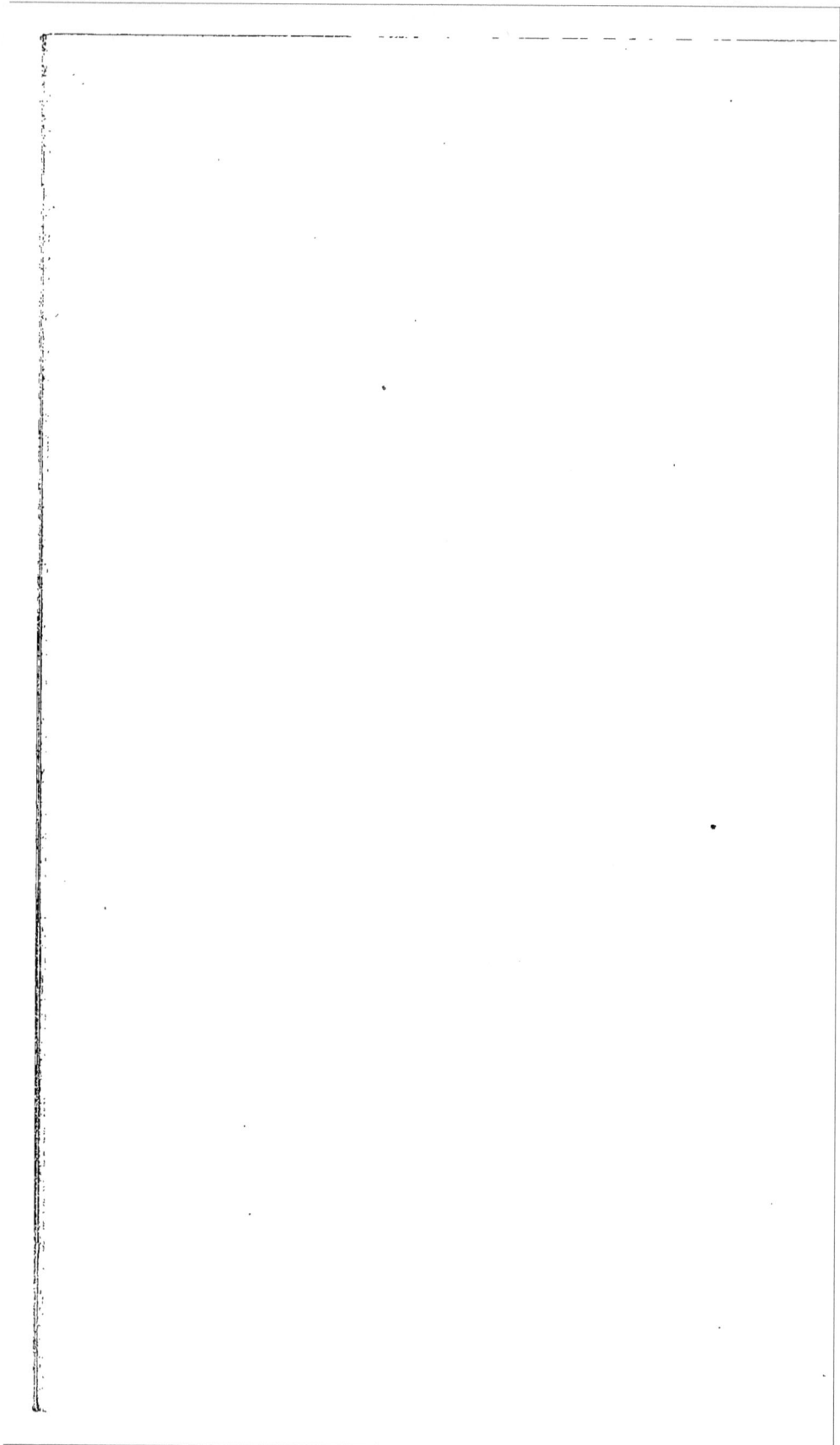

CHATEAUBRIAND

LIVRE I

L'HOMME ET LA VIE

CHAPITRE I

SAINT-MALO ET COMBOURG
INFLUENCES DE FAMILLE ET D'ÉDUCATION
1768-1785

Le 4 septembre 1768, dans une maison située au milieu d'une rue étroite et sombre de Saint-Malo, appelée la rue des Juifs, naquit ce François-René de Chateaubriand, destiné à la gloire, qui devait remplir le monde intelligent du bruit de son nom.

Il appartenait à une des plus anciennes et des plus illustres familles de Bretagne et de France.

Avec une complaisance qu'il dissimule en vain sous les apparences d'une ironique indifférence, Chateaubriand trace, du passé de cette famille, un

tableau brillant, dont les preuves ne s'étendent pas
sur moins d'un demi-volume. Il s'excuse de ces
détails généalogiques, en rejetant la faute sur l'intérêt qu'y prennent ses neveux, moins philosophes
que lui. Nous glisserons plus qu'il ne l'a fait sur
l'histoire de sa maison.

Nous nous arrêterons pourtant un instant devant
ce blason héréditaire qui témoigne de l'ancienneté
de la famille et de l'éclat de ses services. Les Chateaubriand avaient originairement pour armes des
pommes de pin d'or sur champ de gueules avec cette
devise : *Je sème l'or.* Geoffroy, quatrième du nom,
onzième baron de Chateaubriand, fut fait prisonnier
avec le roi saint Louis à la bataille de la Massoure
(1250). Il avait été blessé à côté du roi, dont il portait la bannière. En récompense de son courage et
de son dévouement, l'héroïque compagnon reçut de
son maître le droit de remplacer les pommes de pin
d'or sur champ de gueules de son écusson par des
fleurs de lis d'or sans nombre, et de prendre pour
devise cette fière légende : *Notre sang a teint la bannière de France.*

Il n'est d'ailleurs pas inutile, pour l'étude de la
genèse des idées et du caractère d'un homme, de
connaître son opinion sur ces questions d'antiquité
de la famille, de noblesse du nom. Il n'est pas
superflu de savoir l'influence que les sentiments
paternels ou maternels sur ce sujet exercèrent sur
son âme et sur sa vie. Cette influence, en ce qui
touche Chateaubriand, fut profonde. Il le reconnaît

lui-même, tout en affectant de faire bon marché « de ces vieilles.misères ». Mais, ou nous nous trompons fort, ou il résulte de ce qu'on lit à ce sujet dans les *Mémoires*, que si Chateaubriand ne fut pas vain de son nom historique, il ne laissa pas d'en être fier ; et que, s'il se préserva de l'infatuation paternelle, il garda pourtant une certaine complaisance pour des illusions et des préjugés que la leçon du temps et des révolutions ne lui permettait pas de partager. Enfin, suivant le mot profond de la marquise de Créqui à Sénac de Meilhan, il était, en cette matière comme en bien d'autres, « plus désabusé que détaché ». Qui pourrait mesurer ce qui reste d'orgueil dans certaines humilités, et de regrets dans certains mépris ?

La famille de Chateaubriand était bien déchue de l'ancienne splendeur. Elle se perpétuait avec l'énergie vivace de certaines races fécondes jusqu'à la fin. Mais cette fécondité même, funeste au lieu d'être bénie, précipitait la décadence ou consommait la ruine, à force d'étendre le nom, mais aussi d'émietter le bien.

Cet effet inévitable de l'accroissement de la famille s'aggravait singulièrement en Bretagne où, en vertu de la coutume, l'aîné prélevait les deux tiers de l'héritage paternel, ne laissant aux cadets que le dernier tiers à partager entre eux, déduction faite de son droit de préciput sur ce dernier tiers lui-même.

De là, au bout de quelques générations, ces déchéances d'un appauvrissement fatal, qui réduisaient à la condition vulgaire, au salaire du métier manuel plus d'un membre de la noblesse : « J'ai vu, dit Bernardin de Saint-Pierre, en Bretagne, des gentilshommes qui descendaient des plus anciennes maisons de la province, et qui étaient obligés pour vivre, d'aller, en journée, faucher les foins chez les paysans [1] ».

Tel eût été sans doute le sort de plus d'un des Chateaubriand, si le cadet René-Auguste n'avait relevé jusqu'à la fortune le patrimoine de la famille dont son fils, le cadet François-René, devait relever l'illustration jusqu'à la gloire. Il n'est pas étonnant que René-Auguste de Chateaubriand ait eu cette ambition pour unique passion. Ce qui l'est plus, c'est qu'il ait eu l'énergie nécessaire pour tenter l'entreprise, la persévérance indispensable à la solution de ce problème : faire sortir une fortune du capital de 416 livres de rente.

Il parvint à son but, poursuivi avec l'âpre ténacité bretonne. L'orphelin aventurier s'embarqua à quinze ans comme volontaire sur une goélette faisant partie de la flotte envoyée au secours de Stanislas Leczinski, assiégé par les Russes à Dantzick. Il fut blessé deux fois à côté de l'héroïque comte de Plélo, Breton comme lui. Il dut à l'intérêt inspiré par son courage, son esprit d'ordre et ses malheurs l'occasion favorable qui lui permit de passer aux Iles, d'y acquérir quelque aisance, à force d'industrie et de

---

1. *Études de la nature*, t. III, p. 39.

travail, et de jeter les fondements de la nouvelle fortune de sa famille.

Né le 23 septembre 1718, le comte René-Auguste de Chateaubriand avait trente-cinq ans lorsqu'il épousa, le 3 juillet 1753, Apolline-Jeanne-Suzanne de Bédée, née le 7 avril 1726, âgée par conséquent de vingt-neuf ans, fille de messire Ange-Annibal, comte de Bédée, seigneur de la Bouëtardays.

Si cette union, de raison sans doute plus que d'inclination, ne fut pas très heureuse, non par suite de torts de conduite de part ou d'autre, mais par suite d'incompatibilités de caractère et de goûts de plus en plus accentuées, cette double déception n'éclata au dehors par aucun scandale. Au contraire, elle fut noblement dissimulée sous ces belles apparences d'intimité qui décorent plus d'un mariage sans amour. Le comte et la comtesse de Chateaubriand devaient avoir dix enfants.

Une fois marié et père de famille, à quoi le comte de Chateaubriand allait-il employer, pour le faire fructifier, son modeste pécule? Il n'hésita pas long-temps. Le marin, retenu au port par les devoirs du chef de famille, et dont le foyer mouvant et errant de l'entrepont s'est changé en un foyer fixe, sous un toit immobile, trouve encore du plaisir à faire voya-ger ses intérêts, ne pouvant plus voyager lui-même, et à risquer sur la mer, où il ne lui est plus permis de s'aventurer en personne, ses espérances de for-tune. Tout prédestinait donc notre navigateur, retenu au rivage, à se livrer et à se passionner au jeu

des entreprises maritimes. Le comte de Chateaubriand se fit armateur.

Ennobli par le double danger du naufrage en
temps de paix, du combat en temps de guerre, poétisé
par l'aventure et le lointain, le commerce de mer ne
déroge pas, en vertu d'une ordonnance de Louis XIV.
C'est en effet industrie de gentilhomme et de soldat,
où l'on achète le gain au prix des risques de la tempête et de l'abordage, du tonnerre et du canon. On
peut faire ou diriger un tel commerce l'épée au côté.
Le comte de Chateaubriand, ainsi qu'il résulte des
renseignements que nous fournissent les registres
d'armement du port de Saint-Malo [1], ne tarda pas,
encouragé par le succès d'une première tentative, à
se livrer tout entier à ces spéculations maritimes et
commerciales qui devaient bientôt le mettre à même
de planter son pavillon, victorieux de la pauvreté,
sur le plus beau domaine de ses ancêtres, enfin
reconquis, sur le donjon du château de Combourg.

Ce fait peu connu ajoute un trait caractéristique à
la rude et originale physionomie du père de notre
héros, qui débuta en gentilhomme et en soldat, en
effet, dès la première année de la guerre de Sept Ans,
dans des opérations où le péril de mer se doublait
du péril de guerre. Il l'apprit quelquefois à ses dé-

---

1. C'est aux recherches de M. Ch. Cunat, le consciencieux
et savant historiographe de Saint-Malo, qui a tant contribué
à éclaircir son passé, que nous devons des renseignements
détaillés — nous ne pouvons que les résumer — sur les entreprises de négoce d'outre-mer et de course maritime, du père
de Chateaubriand.

pens. Mais, en somme, les bénéfices dépassèrent de beaucoup les pertes, grâce à une direction habile, grâce aussi au concours dévoué du frère du comte, M. de Chateaubriand du Plessis, dont il avait fait son auxiliaire de confiance, le capitaine de son premier bâtiment, puis le chef de sa flottille. Car le comte arma, de 1758 à 1776, jusqu'à cinq et six vaisseaux à la fois, courant les risques de la guerre ou les hasards de la paix dans des expéditions ayant pour but de course ou de commerce Saint-Domingue, les Antilles, Terre-Neuve et les côtes de Guinée.

Peu de temps avant le retour de son beau-frère de sa première campagne, Mme de Chateaubriand donna à son mari un fils qui assurait la durée de son nom. Ce fut Jean-Baptiste, le frère aîné et le parrain de l'auteur des *Martyrs* (23 juin 1759). C'est seulement au baptême de Julie-Marie-Agathe (la comtesse de Farcy), 23 septembre 1763, que le père signe pour la première fois : chevalier, comte de Combourg.

Dès le mois de mai 1761, il avait pu acquérir du duc puis maréchal de Duras le château qui avait été le principal domaine de ses ancêtres, réalisant ainsi la première et la plus difficile partie de son plan de relèvement de la fortune et de la famille.

Nous signalerons encore la naissance de la sœur bien-aimée de Chateaubriand, Lucile-Angélique, non sans faire remarquer que, née le 7 août 1764, elle avait quatre ans, et pas deux seulement, comme il le dit à tort, de plus que son frère.

C'est quelques années avant de clore le registre de ses affaires, que le comte de Chateaubriand avait aussi clos le registre de sa famille, mettant le signet, le 4 septembre 1768, sur le nom de son dixième et dernier enfant, à ce livre où, en dix ans, de 1758 à 1768, huit noms fraternels l'avaient précédé. Ce dixième et dernier enfant, qui achevait d'assurer la sécurité dynastique du comte de Chateaubriand, fut notre François-René, un cadet de Bretagne qui devait faire un assez beau chemin dans le monde.

On ne semble pas avoir prévu ni favorisé autour de lui cette prédestination; il ne fut traité ni en enfant prodige, ni en enfant gâté, ainsi qu'on va le voir. Car nous devons faire pénétrer un instant le lecteur dans l'intérieur du morne hôtel de la rue des Juifs, afin d'achever l'ébauche de la figure et du caractère de ses parents, d'expliquer ainsi les causes de cette tristesse précoce qui s'empara de Chateaubriand dès l'âge des ignorances et des insouciances heureuses, et qui a laissé son amertume jusque dans les douceurs de ce génie inquiet même dans son sourire.

Dernier né d'une famille nombreuse, François-René semble avoir tout d'abord ressenti la disgrâce, prélude de bien d'autres, de cette naissance, uniquement due au désir qui possédait son père, d'assurer l'avenir de son nom. Cette arrivée tardive n'eut pas de bienvenue. Elle ne dérida point le front soucieux du comte. La comtesse, tout entière à sa prédilection pour son fils aîné, sentit plus la douleur que l'espérance d'un importun enfantement.

Le fils a tracé de son père un portrait saisissant, dont voici quelques traits :

> M. de Chateaubriand était grand et sec; il avait le nez aquilin, les lèvres minces et pâles, les yeux enfoncés, petits et pers ou glauques, comme ceux des lions ou des anciens Bretons. Je n'ai jamais vu un pareil regard.... Une seule passion dominait mon père, celle de son nom. Son état habituel était une tristesse profonde que l'âge augmenta, et un silence dont il ne sortait que par des emportements.... Ce qu'on sentait en le voyant, c'était la crainte.

C'est à inspirer l'amour, et non la crainte qu'eût aspiré la comtesse de Chateaubriand, si la gaîté naturelle de son caractère, l'affabilité d'une âme affectueuse, les habitudes élégantes d'une éducation choisie, si toutes ses grâces et ses délicatesses d'esprit et de cœur n'eussent été de bonne heure contrariées, refoulées, flétries par les défaillances de sa santé et les déceptions d'une existence morose.

Il convient maintenant d'introduire sur la scène domestique un personnage dont l'influence sur l'âme et la vie de Chateaubriand fut plus grande encore que celle de ses parents : sa sœur Lucile [1].

Mme de Chateaubriand avait concentré toutes ses affections sur son fils aîné. Pleine d'esprit et de vertu, elle était absorbée par les plaisirs de la société et les devoirs de la religion. Le petit chevalier, destiné à la vie lointaine et aventureuse du marin, fut,

---

1. M. Frédéric Saulnier, conseiller à la cour d'appel de Rennes, magistrat de la vieille roche, érudit, lettré et courtois, nous a obligeamment mis en mesure par ses communications de donner quelques détails curieux et neufs sur cette poétique, énigmatique et malheureuse femme.

par suite des distractions maternelles et de cette destination, quelque peu négligé.

Pendant que son frère polissonnait sur la grève avec les enfants du port, rattaché seulement au foyer par les soins dévoués d'une vieille gouvernante, Marguerite Villeneuve [1], Lucile, non moins délaissée, y languissait en Cendrillon, parée, pour toute toilette, de la défroque de ses sœurs.

C'était une grande et maigre fille, à l'air bizarre et fantasque, timide et hardie à la fois, avec ses bras dégingandés ; un corps piqué, aux pointes douloureuses, emprisonnait sa taille dans une sorte de cilice ; elle dressait sur un collier de fer, garni de velours marron, une tête brune et pâle, aux yeux étranges, aux cheveux retroussés, couronnés d'une toque d'étoffe noire.

Les enfants négligés se vengent de leur commune disgrâce en se tourmentant mutuellement ou bien ils s'en consolent en s'entr'aidant et en s'adorant. C'est ce qui arriva entre le petit garçon, au cœur déjà généreux, et la petite fille, à l'âme délicate dans un corps tourmenté par le supplice d'une maladive croissance. Ils se vouèrent une tendresse passionnée, précocement mêlée : chez l'un, d'une affectation naïve de protection ; chez l'autre, d'une sorte d'admiration instinctive et de dévouement jaloux.

---

1. Nous ne pouvons nous empêcher de rappeler que l'enfance de Bernardin de Saint-Pierre, un peu négligée aussi, trouva dans une vieille servante, Marie Talbot, la même tendresse naïve de providence subalterne.

Les premières études, tout élémentaires, de François-René lui laissaient grand loisir, et son école de
ce temps-là, c'était surtout l'école buissonnière, ou
plutôt l'école sablonnière. C'est sur le sable de la
grève, sur les dalles de granit de la Cale, entre le
château et le Fort-Royal, que se rassemblaient les
écoliers et les mousses de Saint-Malo. C'est là que
s'égailla et se hâla, au milieu des jeux et des querelles d'une vie turbulente et vagabonde, l'enfance de
François-René, de *Fanchin*, de *Francillon*, comme
l'appelaient familièrement ses camarades. C'est là
qu'il fut « le compagnon des vents et des flots »,
ramené seulement aux jours de fête, quand il accom-
pagnait sa mère à l'église, par la pompe et l'harmonie des spectacles du culte, à la gravité précoce
« d'un sentiment extraordinaire de religion ».

C'est seulement à l'âge de dix ans (au printemps
de 1778) que Chateaubriand fit connaissance avec
le château de Combourg, qui devait être comme le
sombre nid de son adolescence, et fournir à ses
promenades solitaires et à leurs rêveries, exaltées
par les premiers ferments de l'esprit et du cœur, le
cadre pittoresque de ses horizons boisés.

Il s'arracha avec regret à ces ravissements et à
ces enivrements nouveaux pour entrer au collège de
Dol. « Il fallut quelque temps, dit-il, à un hibou
de mon espèce pour s'accoutumer à la cage d'un
collège, et régler sa volée au son d'une cloche. »

Cependant son humeur sauvage s'apprivoisant peu
à peu, il se signala par son aptitude au travail,

sa mémoire extraordinaire, ses progrès rapides en mathématiques, son goût décidé pour les langues. A cette distinction intellectuelle il joignait une humeur indépendante, une fierté généreuse qui lui assurèrent un précoce ascendant sur ses camarades d'étude et de jeu. Il n'hésita pas à leur donner l'exemple d'une indomptable résistance aux châtiments usités alors, surtout à ce barbare et cynique supplice du fouet, cauchemar des souvenirs d'enfance de Milton, de Montaigne, de J.-J. Rousseau, de Bernardin de Saint-Pierre et de Napoléon, qui le révolta comme eux, et que, comme eux, il ne voulut jamais subir.

Chateaubriand commença au collège de Dol à s'initier à la littérature latine et à la littérature française. Il lut et relut, avec l'émotion et l'attendrissement de saint Augustin adolescent le quatrième livre de l'*Énéide*. Il lut Horace, plus séduit par la grâce de la forme que par l'épicurisme du fond. Il savoura, dans Tibulle, l'impression d'une volupté plus délicate, voilée de mélancolie. Il se passionna pour les aventures de Télémaque; surtout il dévora avec ravissement, avec enivrement les sermons de Massillon sur *la Pécheresse* et *l'Enfant prodigue* et « leurs descriptions si séduisantes des désordres de l'âme ».

A cette fièvre profane succéda une fièvre religieuse. François-René fit en 1780, avec une ferveur extatique, sa première communion. Sa mère, qui assistait, avec attendrissement, à la cérémonie, en rapporta l'illusion, qu'elle ne devait pas tarder à perdre, d'une vocation ecclésiastique de son fils.

Cependant on mit François-René au collège de
Rennes, pour y continuer ses études, et clore son
cours de mathématiques, en vue de subir ensuite, à
Brest, l'examen de garde-marine. François-René
trouva au collège de Rennes, « ce Juilly de la Bretagne », des maîtres et des élèves distingués, fiers du
souvenir des Geoffroy, des Ginguené, du chevalier
de Parny, du lit duquel il hérita. Il y retrouva son
ami d'enfance de prédilection, Gesril de Papheu,
destiné à une mort héroïque à Quiberon, et y eut
pour camarades Limoëlan, l'auteur de la machine
infernale, mort depuis prêtre en Amérique, et le futur
général Moreau. Il passa deux ans au collège de
Rennes, d'où il revint pour assister au mariage de
sa troisième sœur Julie avec le comte de Farcy,
capitaine au régiment de Condé.

Après le mariage, célébré, comme celui de ses
deux sœurs aînées, dans la chapelle du château de
Combourg, François-René partit pour Brest. Il y
mena une vie solitaire et farouche, par suite d'un
retard inexpliqué dans la réception de son brevet
d'aspirant. Bientôt, las de cette attente de son brevet,
de cette vie sans but, il revint à Combourg.

Après un séjour trop court à son gré, François-
René, pour excuser son escapade de Brest, mais
surtout pour gagner du temps, car il ignorait ce qu'il
voulait, manifesta le désir d'embrasser l'état ecclésiastique. En conséquence, on l'envoya achever ses
humanités au collège de Dinan, où il eut pour con-
disciple son compatriote Broussais. L'internat de

l'élève de Dinan fut tempéré par une certaine liberté
dont il profitait pour faire à Combourg des apparitions
de plus en plus fréquentes. Enfin, il y fit, de 1783 à
1785, de sa quinzième à sa dix-septième année, un
séjour décisif pour son caractère, son talent et sa
destinée. C'est le moment d'emprunter à ses souvenirs quelques détails sur son existence au milieu de
la paix morne et froide de ce château de Combourg,
dont il a dit « qu'on éprouvait, en pénétrant sous
ses voûtes, la même sensation qu'en entrant à la
chartreuse de Grenoble ».

Après le dîner, le père partait pour la pêche et la
chasse. La mère se mettait en prières dans son oratoire. Lucile s'enfermait dans sa chambre. François-
René regagnait sa cellule dans le donjon, dont la
fenêtre s'ouvrait sur la cour intérieure « sans autre
vue que la perspective des créneaux de la courtine
opposée, où végétaient des scolopendres, et croissait
un prunier sauvage; sans autres compagnons que
quelques martinets qui, durant l'été, s'enfonçaient
en criant dans les trous des murs ».

Ou bien il allait courir les champs, les prés et les
bois, tantôt à cheval, tantôt à pied, portant en ban-
doulière son fusil de chasseur passionné et distrait,
dissipant au grand air le trop-plein de sa surabondance de force et d'ennui.

Cependant le plaisir de la promenade équestre
ou pédestre ou celui de la chasse ne lui suffisaient
bientôt plus. « Il était agité d'un désir de bonheur
qu'il ne pouvait ni régler ni comprendre. Son esprit

et son cœur achevaient de former comme deux temples vides, sans autels et sans sacrifices. On ne savait
encore quel Dieu y serait adoré. » En attendant, il
croissait auprès de sa sœur Lucile, dont le sentiment
de dévouement fraternel, à mesure que sa supériorité
d'âge s'accusait, y puisait une sorte de droit moral
d'aînesse et de gracieuse maternité. « Leur amitié était
toute leur vie, leur conversation leur unique plaisir. »

Ils le goûtaient longuement le soir, quand ils pouvaient enfin sortir du silence où les plongeait la
présence stupéfiante du terrible maître du logis.
Celui-ci, taciturne et morose, drapé dans sa robe de
ratine blanche, la tête couverte d'une sorte de cha-
peron blanc, passait et repassait devant eux, pâle et
triste comme un fantôme du passé, dans une promenade automatique, ininterrompue, commencée au
coup de neuf heures et arrêtée net, comme par le
même ressort qui avait soulevé le marteau de l'hor-
loge de la tour du Maure, frappant dix heures. Alors
le seigneur de Combourg prenait sur la cheminée
son flambeau d'argent, soulevait une portière de
tapisserie, poussait la porte et disparaissait.

Quand on n'entendait plus le bruit sourd de son
pas dans l'escalier, quand le reflet de la bougie qui
éclairait sa montée avait cessé de rayer de feu, dans
la cour, l'ombre nocturne, le visage glacé de la
mère, de la sœur et du fils s'animait du retour de la
vie ; ils recouvraient la liberté, jusque-là suspendue,
de la pensée et de la parole ; et la conversation
reprenait son cours interrompu.

Cette vie oisive et monotone, sans but, sans événements, sans autres diversions aux rêveries de la solitude que les promenades à deux, les longues causeries à travers bois et leurs exaltations mutuelles, porta bientôt ses fruits aux douceurs empoisonnées.

Il faut user de tout avec mesure, même du commerce de la nature, dont les enchantements sont salutaires à ceux qui ne font que les traverser pour s'y reposer, s'y retremper, s'y rafraîchir, mais dangereux pour ceux qui s'y livrent jusqu'à l'enivrement. Il faut prendre garde à tout plaisir, se défendre contre toute volupté, et c'en est une des plus nuisibles, des plus amollissantes pour l'âme, que « cette rêverie sans cause et sans sujet qui suffit, dit Montaigne, à la régenter et à l'agiter ».

François-René à dix-sept, Lucile à vingt ans, étaient déjà fatigués de la vie, avant d'avoir vécu. L'ennui les rongeait de ses tristesses sans cause. La flamme intérieure, non contenue et dirigée, consumait le boisseau. Leur visage, dans sa beauté inquiète et maladive, trahissait les ravages de ce défaut d'équilibre entre les fonctions diverses de la vie morale, de cet énervement, de cet épuisement, conséquences de l'intensité, de l'acuité indiscrètes, exagérées, de la pensée dans les jeunes têtes, du sentiment dans les jeunes cœurs.

Lucile était grande et d'une beauté remarquable, mais sérieuse. Son visage était accompagné de longs cheveux noirs ; elle attachait souvent au ciel ou promenait autour d'elle des regards pleins de tristesse ou de feu. Sa démarche, sa voix, sa physionomie avaient quelque chose de rêveur et de souffrant.

Nous ne pouvons citer tout le portrait, ou plutôt toute l'étude, très poussée de détail, consacrée par Chateaubriand à cette sœur qu'il aimait et qu'il admirait, sans pouvoir se défendre de mêler à ces sentiments un peu d'étonnement, de crainte et de pitié. Mais aux symptômes qu'il enregistre avec cette sagacité et cette subtilité psychologiques dont il n'hésitait pas à porter sur lui-même l'implacable scalpel, à ce que nous savons du reste de sa vie prématurément et mystérieusement close — non sans soupçon de suicide, — de persécutée imaginaire, de désespérée sans motif, la science contemporaine, avec ses sincérités brutales, n'hésiterait pas à donner un nom, que nous ne voulons pas prononcer ici.

Pour François-René, il n'est pas difficile de reconnaître, dans l'aveu de ses rêves passionnés, de ses songes hantés du donjon, de son culte pour l'idole de ses amours idéales, pour la sylphide, invisible à tout autre que lui, qui l'entraîne jusqu'au vertige dans les profondeurs des bois et lui souffle, sur le bord de l'étang, le goût de l'abîme, dans ce délire intermittent dont un accès ira jusqu'à une tentative de suicide, les caractères de cette exaltation hypocondriaque qui fut celle de J.-J. Rousseau, et a fait hésiter ses biographes — dont plus d'un penche pour l'affirmative, Sainte-Beuve entre autres — sur la question de savoir si sa mort a été volontaire.

Heureusement ces exaltations, ces enivrements, ces aigrissements de la solitude, de la nature et de la rêverie, qui auraient pu, en se prolongeant, mal

tourner et aboutir à un dénouement fatal, trouvèrent
un dérivatif, un préservatif dans la nouveauté et
l'émulation des premiers essais de la vocation littéraire. Le frère et la sœur à l'envi cherchèrent et
trouvèrent dans ces opuscules nés du premier souffle
de l'inspiration poétique une diversion libératrice,
pacificatrice, un exutoire pour la surabondance
impatiente de leurs sentiments et de leurs pensées,
pour le trop-plein de leur âme. C'est ainsi qu'à dix-
sept ans François-René devint poète et que l'imagination occupée put réparer en lui les dommages
de l'imagination oisive.

C'est Lucile qui avait la première deviné, encouragé son génie, ignoré de tous et de lui-même, fait
jaillir de son esprit et de son cœur la source cachée.
C'est elle qui lui avait donné l'exemple dans ses
propres essais, « une trentaine de pages qu'il est
impossible, au jugement de son frère, de lire sans
être profondément ému, dont l'élégance, la suavité,
la rêverie, la sensibilité passionnée offrent un
mélange du génie grec et du génie germanique [1] ».

Ni l'un ni l'autre n'oublièrent jamais les émotions
de cet éveil simultané de la Muse en eux. Leur
fraternité de sang se trouva élargie, ennoblie par
l'échange de dévouement et de reconnaissance de
cette autre fraternité de l'esprit et du cœur. Lucile

---

1. Voir le petit livre exquis dans ses délicatesses dignes
de son gracieux sujet : *Lucile de Chateaubriand, ses contes,
ses poèmes, ses lettres, précédés d'une Étude sur sa vie*, par
Anatole France. Paris, 1879.

adora le frère dont elle avait éveillé le génie, pressenti la gloire. François-René adora la sœur qui lui avait appris à se mieux connaître, qui avait salué prophétiquement son futur triomphe, qui lui avait versé, au milieu des ardeurs et des fièvres de l'adolescence, le rafraîchissement des conseils et des émulations salutaires, des pures inspirations. Affection passionnée et exaltée chez la sœur, comme toutes les affections uniques, beaucoup plus calme et simplement tendre chez le frère, au cœur bientôt partagé entre bien d'autres sentiments plus profanes ; mais affection sans mystère, sans faute, sans repentir, dont il faut chercher, comme nous le verrons, dans *René*, non l'histoire, mais le roman seulement.

Cependant un élément nouveau et décisif, comme une première et large bouffée de l'air du monde actif, allait entrer dans l'existence de François-René et la modifier profondément. Il allait, grâce à l'initiative de son frère aîné, être provoqué à embrasser un état.

Reconnaissant le peu de solidité de sa vocation ecclésiastique, on avait renoncé pour lui, et non contre son gré, à l'Église. Il avait, de lui-même, renoncé à la marine. Il fut un moment tenté par le démon des voyages, des aventures lointaines. Le comte, qui avait gardé, de ses souvenirs de jeunesse, une certaine indulgence pour les partis hasardeux, envoya son fils à Saint-Malo, où l'on préparait un armement pour Pondichéry. François-René laissa l'*Indien* partir sans lui. Une lettre impérative le rap-

pela brusquement à Combourg. Puisqu'il ne se déci-
dait pas à choisir, on venait de choisir pour lui. Il
allait être officier du roi.

Le lendemain de son arrivée, dès le matin, il fut
mandé chez son père, qui l'attendait dans son
cabinet. « Monsieur le chevalier, lui dit le comte,
il faut renoncer à vos folies. Votre frère a obtenu
pour vous un brevet de sous-lieutenant au régiment de Navarre. Vous allez partir pour Rennes,
et de là pour Cambrai. Voilà cent louis, ménagez-
les. Je suis vieux et malade. Je n'ai pas longtemps à
vivre. Conduisez-vous en homme de bien, et ne
déshonorez jamais votre nom. » Il embrassa son
fils, qui, dans un irrésistible élan de tendresse, se
jeta sur la main paternelle, la couvrant de baisers
et de larmes.

Le comte, après lui avoir remis sa vieille épée,
conduisit son fils jusqu'au cabriolet qui l'attendait
dans la *Cour Verte*. Il l'y fit monter devant lui, sans
lui permettre de s'amollir encore aux étreintes de sa
mère et de sa sœur, qui pleuraient sur le perron,
en lui envoyant du geste leurs adieux.

CHAPITRE II

DEUX NOUVEAUX MONDES
LA RÉVOLUTION ET L'AMÉRIQUE
1786-1792

Après avoir quitté le château de Combourg, « où je suis devenu, a-t-il dit, tout ce que j'ai été », et qu'il ne devait plus revoir que trois fois dans sa vie, la dernière cinq ans après, lors de son départ pour l'Amérique [1], François-René débarqua à Rennes chez un de ses parents.

Dès le lendemain, il partit pour la capitale.

La comtesse de Farcy, sœur de François-René, habitait, en qualité de pensionnaire, un couvent de

---

1. Le château et le domaine de Combourg, d'une contenance de 2 000 hectares, et d'une valeur de plus d'un million, mis en vente sur licitation le 24 mai 1890, à Paris, ont été adjugés et partagés entre les deux filles du comte Geoffroy de Chateaubriand, neveu du grand écrivain, Mme la comtesse de La Tour du Pin, et Mlle Sibylle de Chateaubriand, et la mère de cette dernière, deuxième femme et veuve du comte. Mme la comtesse de Chateaubriand, née Bernou de Rochetaillée, femme des plus distinguées, portant dignement le grand nom dont elle a le culte pieux, habite Combourg la plus grande partie de l'année.

Paris où elle se trouvait depuis quelque temps pour
consulter les médecins. Elle préludait aux humilités
et aux austérités de sa conversion, aux vertus qui
devaient édifier tous ceux qu'elle avait charmés, en
s'abandonnant au tourbillon des plaisirs et des succès de la vie mondaine, où elle triomphait par sa
beauté, son esprit et son talent de gracieuse poé-
tesse.

La vue et la conversation de son frère, surtout de
sa sœur Julie, « infiniment plus jolie que Lucile » et
dont il trace, dans ses *Mémoires*, un portrait charmant comme elle, furent le seul plaisir que François-René goûta à son premier voyage à Paris. Il
se hâta de partir par le courrier de la malle pour
Cambrai, où son corps tenait garnison.

Il se fit assez vite à la vie du régiment, où sa gravité précoce, sa réserve pensive, l'énergie de caractère révélée par la flamme qui traversait parfois ses
yeux, dont le bleu devenait alors d'un gris orageux,
le firent exempter, par le respect involontaire de ses
camarades, des épreuves, on dirait aujourd'hui des
brimades traditionnelles de la *Calotte*.

Il se formait à son noble métier, estimé de son
colonel, le marquis de Mortemart, lorsqu'une lettre,
bordée de noir, le rappela brusquement à Combourg.
Lucile lui annonçait que leur père avait été emporté
par une attaque d'apoplexie le 6 septembre (1786), le
surlendemain de cette fête de la foire de l'Angevine,
une des joies de leur enfance.

La famille se réunit à Combourg. On régla les

partages. Cela fait, chacun se dispersa. Le frère aîné retourna à Paris. La mère se fixa à Saint-Malo. Lucile suivit sa sœur de prédilection, Julie. François-René se partagea entre ses trois sœurs, établies à Fougères ou dans les environs.

Il menait là fort à l'aise la vie du gentilhomme chasseur, de l'officier en vacances, quand une lettre de son frère le réveilla de ses rêves, et l'arracha à ses divertissements bucoliques.

Il s'agissait de la présentation du chevalier à la cour, sous le patronage du maréchal de Duras : occasion favorable, dont il importait de profiter dans l'intérêt des deux frères et de leur avenir. Cette lettre dérangea fort notre rêveur, qui ne se sentait pas du tout la vocation du courtisan. Il partit donc tristement pour affronter cette seconde épreuve de la vie du monde et du séjour de Paris.

Le jour redouté arriva. Le chevalier traversa les parquets brillants et glissants de l'Œil-de-Bœuf avec toutes les inquiétudes et toutes les gaucheries d'un débutant malgré lui. Il assista, troublé, au dernier épisode du lever du roi. Il fut nommé à Louis XVI par le maréchal de Duras, au moment où le roi, venant de prendre son chapeau des mains du premier gentilhomme de service, s'avançait, allant à la messe. Le chevalier s'inclina, le roi lui rendit son salut, s'arrêta, le regarda, et ne trouvant rien à dire à cet apprenti courtisan, non moins muet que lui, passa outre.

Puis les deux frères s'empressèrent pour se trouver

sur le passage de la reine, à son retour de la chapelle. Marie-Antoinette parut en effet « avec son
air de déesse marchant sur les nuées », comme
eût dit Saint-Simon, entourée d'un nombreux et
radieux cortège. « Elle fit une noble révérence; elle
semblait enchantée de la vie. » Le chevalier admira,
mais refusa de pousser l'épreuve plus loin en assistant le soir au jeu de la reine. Décidément il n'avait
pas la vocation.

On le vit encore mieux durant la journée du
19 février 1787, où le chevalier dut suivre la chasse
du roi, d'abord dans ses carrosses, puis sur ses che-
vaux. Il se mit en selle au rendez-vous du Val, dans
la forêt de Saint-Germain, en compagnie de trois
autres débutants, les deux barons de Saint-Marsault,
et le comte d'Hautefeuille, revêtus comme lui de l'uniforme spécial : habit gris, veste et culotte rouges,
bottes à l'écuyère, couteau de chasse au côté, petit
chapeau français à galon d'or. Le bonheur prover-
bial des innocents fit tourner en faveur du chevalier jusqu'à ses maladresses. Il pensa culbuter une
amazone qui agréa ses excuses en souriant. Et le
roi, qui ne pardonnait guère qu'on coupât sa chasse
et qu'on se trouvât avant lui aux fins de la bête, prit
fort bien ce jour-là cette impertinence involontaire,
et rassura le coupable avec bonhomie. Il ne tenait
qu'au chevalier de profiter de l'aubaine d'une bienveillance si inusitée, de se pousser à la faveur de
cette double mésaventure dont l'issue heureuse
attestait sa chance. Il n'en faut pas plus parfois pour

commencer une fortune de cour. C'était l'avis du comte. Ce ne fut pas celui du chevalier, qui se hâta, sans vouloir rien entendre, de rentrer en Bretagne.

Il revint, après quelques mois de garnison à Dieppe, et un semestre passé à Fougères, dans la capitale, où Mme de Farcy venait de se fixer avec sa sœur Lucile. Mais ce ne fut ni pour retourner à Versailles, ni pour reparaître à la cour. Une seule ambition animait son ennui et triomphait de son indolence. A force de démarches et de soucis, il allait enfin parvenir à faire insérer dans l'*Almanach des Muses* son premier essai poétique, une idylle, l'*Amour des champs*, « dont l'apparition le pensa tuer d'espérance et de crainte ».

C'est par ce début anonyme que le chevalier de Chateaubriand fit son entrée modeste dans les lettres sous le patronage du philosophe Delisle de Sales. Cet ami de la famille Malesherbes fut l'introducteur de son protégé, plus jaloux de ses bonnes grâces que de celles du maréchal de Duras, auprès de Flins des Oliviers et de Fontanes. Ces premiers amis ne furent pas les seuls à l'initier aux mystères de la vie littéraire. Durant ce stage d'attente et d'observation consacré surtout à la fréquentation du théâtre et de quelques salons, il eut aussi l'occasion de connaître son compatriote Ginguené, le chevalier de Parny, La Harpe, le poète Le Brun, Chamfort et de lier commerce avec eux.

Le chevalier ne fréquenta pas seulement la société littéraire du temps. Il dut naturellement se partager

entre elle et celle dont la famille de la femme de son
père, née Le Pelletier de Rosambo, petite-fille de
M. de Malesherbes, était le centre, et que celui-ci
dominait de toute la hauteur de sa figure originale.

Les franches et cordiales façons de M. de Malesherbes apprivoisèrent sans peine la sauvagerie du
chevalier. Ils prenaient un mutuel plaisir à causer
ensemble de botanique et de géographie. C'étaient
deux sciences que la lecture de Rousseau, la guerre
d'Amérique, les expéditions de Bougainville et de
La Pérouse, l'exemple du roi, qui les honorait de sa
prédilection, avaient mises à la mode. Elles fournis-
saient leur objet favori aux études et aux conversations du vieillard et du jeune homme, tous deux plus
épris de nouveautés scientifiques que de nouveautés
politiques, tous deux grands voyageurs, l'un de goût,
l'autre d'instinct. Celui-ci se souvenait d'avoir par-
couru l'Europe (la France et la Suisse à pied, *incognito*, sous le nom de M. Guillaume); celui-là aspirait à explorer l'Amérique. Le chevalier se sentait
attiré par ce qu'elle gardait encore de mystérieux, et
éprouvait l'ambition de signaler son nom par quelque
belle découverte dans cet inconnu.

Les deux interlocuteurs ne s'entendaient pas
moins bien en politique. Les prolégomènes de la
Révolution les trouvaient encore disposés à l'illusion
et à l'optimisme. La première impression du chevalier ne fut pas défavorable aux idées nouvelles :
« Les sentiments généreux du fond de nos premiers
troubles, a-t-il dit plus tard, allaient à l'indépen-

dance de mon caractère; l'antipathie naturelle que
je ressentais pour la cour ajoutait à ce penchant....
La Révolution m'aurait entraîné, si elle n'eût débuté
par des crimes; je vis la première tête portée au
bout d'une pique, et je reculai. »

Le chevalier ne passa pas exclusivement à Paris
les années 1787 à 1789. Il fit avec sa sœur plusieurs
séjours en Bretagne. Il put y assister et même y
participer aux préludes orageux de la Révolution
dans cette province, où la noblesse, à la fois mécontente et fidèle, royaliste et factieuse, contribuait,
dans les meilleures intentions du monde, à la ruine
de l'autorité monarchique, dont la destruction ne fut
pas moins due à ses amis qu'à ses ennemis.

C'est six mois après les troubles de Rennes, du
25 au 28 janvier 1789, que le chevalier, sorti de ces
bagarres à meilleur compte que ses amis Boishue et
Saint-Riveul, qui en furent les victimes, put comparer, avec les orages bretons, les tempêtes pari-
siennes. Il assista, en spectateur plus ironique qu'en-
thousiaste, à la prise de la Bastille, aux orgies qui
suivirent la facile victoire, aux cortèges de triomphe,
aux visites et aux bals qui firent des ruines de la
prison d'État un rendez-vous de réjouissances populaires et une promenade aristocratique à la mode.
Cette ironie tourna à l'indignation quand il vit passer
sous ses fenêtres, sans pouvoir retenir un cri d'horreur et de colère, le cortège qui promenait au bout
d'une pique les têtes sanglantes de Foulon et de
Bertier. Ce spectacle, dont le croquis fameux de

Girodet, pris sur nature, nous permet de mesurer
l'horreur, causa au chevalier un dégoût qu'augmenta
encore celui des saturnales et des bacchanales du
retour du roi et de la famille royale de Versailles à
Paris, le 6 octobre. Dès lors l'idée de quitter la
France germa dans son esprit, et il n'attendit pas
longtemps l'événement qui devait lui en donner la
liberté.

Le régiment de Navarre, en garnison à Rouen,
conserva sa discipline assez tard, mais finit par subir
la contagion corruptrice des idées et des passions
du jour. Il eut comme les autres sa petite insurrection, signal du départ des officiers, leur colonel, le
marquis de Mortemart, en tête. Le chevalier n'imita
pas cet exemple. « N'ayant ni adopté ni rejeté les
nouvelles opinions, aussi peu disposé à les attaquer
qu'à les servir », il ne voulut ni émigrer, ni continuer
la carrière militaire, il se retira. Mais il ne demeura
point à Paris. Il se décida à passer aux États-Unis.
Il partit non pour Coblentz, mais pour New York.

Il fallait un but utile à ce voyage. Ce but, il se
le donna plus conforme à ses ambitions qu'à ses
moyens. Il ne s'agissait de rien moins « que de
s'avancer à l'ouest, jusqu'au point de couper la côte
nord-ouest, au-dessus du golfe de Californie, puis,
de reconnaître le détroit de Behring, et après être
descendu à l'est, le long de la mer polaire, d'entre-
prendre le retour par la baie d'Hudson, le Labrador
et le Canada ». M. de Malesherbes étudia passion-
nément avec lui le plan de ce voyage, où il regret-

tait que son âge ne lui permît point de l'accompagner.

Au mois de janvier 1791 le chevalier était en Bretagne occupé de ses préparatifs. Il rencontra à Fougères le fameux marquis de la Rouërie (le colonel Armand de la guerre d'Amérique) et en obtint une lettre de recommandation pour le général Washington. Il s'embarqua à Saint-Malo, le 5 avril, sur le brick le *Saint-Pierre*, capitaine Dujardin. Deux mois après, le chevalier était à Baltimore, puis à Philadelphie, où il présentait sa lettre de recommandation au général Washington.

Plus heureux que ne devait l'être après lui, en 1794, M. de Talleyrand, dont la demande d'audience, bien qu'appuyée par une chaude lettre d'introduction et de recommandation de lord Lansdowne, essuya un refus catégorique, le chevalier de Chateaubriand, protégé par son obscurité, tandis que Talleyrand était compromis par sa réputation, pénétra sans difficulté auprès de Washington. Il en fut accueilli avec bienveillance, le charma par une réplique heureuse, fut invité à dîner. Il ne vit pas avec indifférence le soldat citoyen, le libérateur d'un monde. En 1822, il écrivait, au souvenir encore ému de cette unique rencontre : « Je suis heureux que ses regards soient tombés sur moi ; je m'en suis senti échauffé le reste de ma vie. Il y a une vertu dans les regards d'un grand homme. »

Le voyageur ne trouva à Philadelphie ni encouragements ni ressources pour atteindre le but prin-

cipal de son voyage. Il lui suffit de peu de séjour à
Boston, à New York, pour comprendre que cette
première expédition n'aboutirait à rien de décisif,
ne servirait qu'à éclairer sa route et à poser les
jalons d'une tentative ultérieure. Il se consola de sa
déception d'explorateur par l'instinct plus encore
que par la conscience de ce qu'il devrait un jour
comme poète, comme écrivain, à ce voyage stérile
pour le géographe. S'il ne rencontra pas en effet en
Amérique ce qu'il y cherchait, la route du monde
polaire, il y trouva celle d'un monde littéraire inconnu, la voie d'un art nouveau; il y rencontra la
Muse de sa gloire future, animée d'inspirations non
encore exprimées, armée d'une palette aux couleurs
encore vierges, la Muse des *Natchez*, d'*Atala*, de
René.

De rêve en rêve, d'excursion en excursion, le
voyageur repassa les Montagnes Bleues, et se rap-
procha des défrichements européens, vers Chillicoti.
Il n'avait guère recueilli de lumières sur l'objet
principal de son entreprise, mais il revenait « escorté
d'un monde de poésie ».

C'est à une halte de ce retour, dans l'hospitalité
de la maison d'un planteur, « ferme à l'un de ses
pignons, moulin à l'autre, située sur le bord d'un
ruisseau », que le voyageur, jetant un soir un regard
distrait sur un journal anglais tombé à terre devant
lui, y lut, à la lueur de l'âtre, ces mots : *Flight of
the King* (Fuite du Roi). C'était le récit de l'évasion
de Louis XVI, prisonnier dans son palais des Tui-

leries, et de son arrestation à Varennes. Le même
journal racontait aussi les progrès de l'émigration
et la réunion des officiers de l'armée sous le drapeau
des princes français.

Cette nouvelle modifia tous les plans et projets du
voyageur, et l'arracha à ses rêves. La voix de la
conscience fit taire celle de l'imagination. Il se crut
obligé, par devoir d'honneur, de rentrer en Europe.

Revenu du désert à Philadelphie, il s'embarqua
le 10 décembre 1791 pour le Havre, où, après une
traversée assez accidentée (on avait frisé le naufrage de près au cap de la Hougue), il débarquait le
2 janvier 1792.

Il fut reçu tendrement par sa mère, son oncle et
ses sœurs « qui cependant déploraient l'inoppor-
tunité de son retour ». Le comte de Bédée se dispo-
sait à passer à Jersey avec sa famille. Il ne pouvait
désapprouver le projet d'une émigration dont il
donnait l'exemple. Mais il s'agissait de trouver le
viatique de ce hasardeux voyage. Le chevalier, qui
était revenu d'Amérique à crédit, et dont la mère
avait dû payer le passage de retour, n'avait pas
l'argent nécessaire pour rejoindre les princes. « Ce
concours de circonstances, déclare-t-il, décida de
l'acte le plus grave de ma vie : on me maria afin de
me procurer le moyen de m'aller faire tuer au service d'une cause que je n'aimais pas. »

Il y a là une boutade qui fait injure, croyons-nous,
au véritable motif, dissimulé sous l'apparent, qui
réunit sans doute dans une sorte de conspiration de

famille la mère et les sœurs du voyageur. Tout en
se gardant bien de heurter de front le scrupule,
honorable après tout, qui lui faisait désirer de trouver à tout prix le moyen d'accomplir ce qu'il considérait comme un devoir, elles comptaient bien, au
contraire, sur la séduction du bonheur domestique,
sur l'attrait, souvent irrésistible, du récent foyer,
pour le retenir en France et le faire renoncer à ses
projets d'expatriation.

Quoi qu'il en soit des calculs qui inspirèrent sa
famille, des mobiles auxquels il céda lui-même, ce
qu'il y a de certain, c'est que ce n'est point par
inclination que le chevalier se maria, de même qu'il
allait émigrer sans enthousiasme pour la cause
royale, sans illusions sur son succès. Si noble que
fût ce sacrifice de lui-même, il l'eût été encore plus,
s'il fût demeuré strictement personnel. Du moins
n'eut-il pas à se reprocher le choix de sa victime.
On le fit pour lui. Il le laissa faire, « bien qu'il ne se
sentît aucune qualité de mari », par indolence, par
dédain et par dégoût de la contradiction.

Le chevalier avait quelquefois rencontré et entrevu
chez sa mère ou sa sœur Lucile, la chanoinesse, une
jeune fille à qui elle avait voué la sollicitude d'une
sorte de maternité d'adoption. C'était Mlle Céleste
Buisson de la Vigne, orpheline, âgée de dix-sept ans
à peine, qui vivait auprès de son grand-père, chevalier de Saint-Louis, ancien commandant de la marine
à Lorient, retiré à Saint-Malo. « Elle était blanche,
délicate, mince et fort jolie; elle laissait pendre,

comme une enfant, de beaux cheveux blonds, naturellement bouclés. On estimait sa fortune de cinq à
six cent mille francs. »

Voilà tout ce qu'en avait vu et tout ce qu'en savait
le chevalier. S'il se fût informé de plus près, il eût
appris sans doute, par des renseignements que con-
firme encore la tradition locale, que Mlle Céleste ne
méritait pas tout à fait, pendant son adolescence, cet
angélique prénom, dont elle se montra si digne plus
tard. C'était une jeune fille vive, enjouée, gracieuse,
mais d'une humeur un peu fantasque, d'un caractère
un peu capricant, ayant été élevée à la diable, en
enfant gâtée, par un grand-père qui constituait pour
cette petite Rosine bretonne, espiègle, maligne,
futée, le plus débonnaire et le plus indulgent des
tuteurs.

Toutes les convenances, hormis celles de l'amour
mutuel, qu'on n'avait pas cru nécessaire d'éveiller,
comptant qu'il s'allumerait de lui-même au flambeau
nuptial, présidèrent à ce mariage hâtif et positif,
bâclé entre l'insouciance et la curiosité, qui n'avait
rien de romanesque dans ses mobiles. Ses débuts
furent cependant traversés, sans qu'il y eût de la
faute des deux époux, par les péripéties les plus
dramatiques. Les *Mémoires d'Outre-Tombe* les racon-
tent en ces termes :

Le consentement de l'aïeul, de l'oncle paternel et des
principaux parents fut facilement obtenu ; restait à conquérir
un oncle maternel, M. de Vauvert, grand démocrate ; il s'op-
posa au mariage de sa nièce avec un aristocrate comme moi,
qui ne l'étais pas du tout ; mais ma pieuse mère exigea que

le mariage religieux fût fait par un prêtre non assermenté, ce qui ne pouvait avoir lieu qu'en secret. M. de Vauvert le sut, et lâcha contre nous la magistrature, sous prétexte de rapt, de violation de la loi, et arguant de la prétendue enfance dans laquelle le grand-père, M. de la Vigne, était tombé. Mlle de la Vigne, devenue Mme de Chateaubriand, sans que j'eusse eu de communication avec elle, fut enlevée au nom de la justice et mise au couvent de la Victoire, en attendant l'arrêt des tribunaux. Il n'y avait ni rapt, ni violation de la loi, ni aventure, ni amour dans tout cela ; ce mariage n'avait que le mauvais côté du roman : la vérité. Les parents des deux familles étant d'accord, M. de Vauvert se désista de la poursuite. Le curé constitutionnel, largement payé, ne réclama plus contre la première bénédiction nuptiale et Mme de Chateaubriand sortit du couvent, où Lucile s'était enfermée avec elle.

En quoi cette version officielle est-elle contredite et l'est-elle d'une façon probante, décisive, par la version contraire, par la version hostile, en faveur de laquelle on ne saurait alléguer que sa tenace persistance ? Quel témoignage invoque-t-on à l'appui de cette étrange histoire d'enlèvement, de mariage simulé, de séducteur tombé dans son piège et relancé comme un chevalier de Gramont au départ d'Angleterre, par les parents menaçants de la femme qu'il oublie ?

Cette légende hostile du mariage simulé par Chateaubriand « avec son indifférence et son irrévérence d'alors », de la jeune fille épousée « comme dans les comédies » d'une façon postiche, « en se servant d'un de ses gens comme prêtre et d'un autre comme témoin, des deux époux surpris de grand matin par un oncle du côté *paternel*, M. de la Vigne-Buisson, ancien négociant, accompagné d'un vrai prêtre et

armé d'une paire de pistolets, et de la nièce alors
épousée tout de bon, et sur l'heure », cette légende a
pris sinon naissance, du moins corps dans l'ouvrage
de Sainte-Beuve, intitulé *Chateaubriand et son
groupe littéraire sous l'Empire*. Si elle n'était repro-
duite et appuyée par un tel maître, qui se défend
mollement d'y croire, nous la déclarerions plus ridicule encore que malveillante. Car elle ne soutient
pas l'examen. Elle ne repose que sur l'allégation de
M. Viennet, dans ses *Mémoires* inédits, qu'on ne cite
même pas, et sur l'allégation de M. de Pongerville,
qu'on ne cite pas davantage. Ni l'un ni l'autre ne
parlent d'un fait arrivé de leur temps et sous leurs
yeux. Ce sont des témoins *par ouï-dire*. Ni l'un ni
l'autre ne fournissent la moindre preuve à l'appui
de ce récit diffamatoire, qui leur a paru vrai surtout
parce qu'il était malin.

Mais que peuvent ces allégations, ces insinuations
devant le démenti des actes de l'état civil? Or ces
actes constatent, à la date du dimanche 18 mars 1792,
la promesse de mariage, avec dispense de tout autre
ban. Et dès le lendemain lundi 19 mars 1792 les
mêmes registres paroissiaux — leur transfert à l'autorité civile n'eut lieu qu'en septembre 1792 — enregis-
trent l'acte de mariage ou cérémonie de la bénédiction nuptiale donnée par le curé constitutionnel
Duhamel, qui a signé avec les conjoints et les
témoins et la mère de l'époux présente [1].

1. Les extraits des registres paroissiaux ont été publiés
par M. Ch. Cunat.

Chateaubriand s'était marié le 19 mars 1792. Peu de jours après ses discrètes noces, il conduisait sa femme et ses sœurs à Paris. Ce voyage avait surtout pour but, aux yeux de Chateaubriand, de mettre fin à ses perplexités sur le parti à prendre, en présence de la déclaration de guerre à l'Autriche (28 avril 1792).

Devait-il rester, devait-il partir? Ses hésitations cessèrent à la suite de ses entretiens avec M. de Malesherbes, qu'il trouva non plus effrayé, mais découragé, passant, sur l'issue de la Révolution, du doute au désespoir; en ce qui touchait le devoir, aussi déterminé que son interlocuteur était indécis, il se prononçait nettement en faveur de l'émigration, c'est-à-dire de la contre-révolution à main armée.

Les nombreux exemples historiques, plus spécieux pourtant que décisifs, développés par un homme de l'âge et de l'autorité de Malesherbes, frappèrent le jeune homme sans le convaincre. Le 20 juillet 1792, il partit avec son frère pour la frontière et parvint à la franchir.

CHAPITRE III

LONDRES ET L'ÉMIGRATION
1792-1800

En émigrant par un mouvement généreux de son âge, par point d'honneur, peut-être aussi un peu par goût du changement et de l'aventure, le chevalier de Chateaubriand prenait part à la croisade anti-révolutionnaire, mais aussi anti-française, dans les dispositions les moins faites pour lui en adoucir les inévitables déceptions, non en croyant, comme MM. de Bonald et de Serres, mais en sceptique, comme le furent, quoique à un moindre degré que lui, MM. d'Haussonville et de Montlosier, qu'il devait retrouver à Londres.

Certes, il n'avait rien de l'émigré convaincu, plein de foi religieuse et d'enthousiasme monarchique, comme un marquis de Briges ou un Olivier d'Argens, ce gentilhomme breton de vingt-quatre ans, déjà bronzé aux hasards des voyages lointains, qui ne trouva bientôt nul intérêt aux aventures et surtout aux mésaventures d'une guerre mal conduite, où l'on était sûr d'être battu, avec des alliés méprisés contre des compatriotes fanatisés, qu'on ne pouvait s'empêcher d'admirer parfois, ni aux conversations d'un bivouac où on retrouvait toutes les frivolités des salons. Il n'avait rien des préjugés ni des illusions des prélats de boudoir, des officiers de parade, des courtisans à plumet d'état-major et des intrigants à broderies, types classiques d'émigrés rencontrés à Bruxelles par Arnault et esquissés par lui du trait grossier mais vivant de la caricature, ce jeune homme aux cheveux noirs sans poudre, au teint hâlé, à l'œil gris s'allumant parfois sous le sourcil froncé. Il traversa tout effarouché, la lèvre plissée d'un sourire sardonique, l'émigration *fate* de Bruxelles, comme il l'appelle, et il déconcerta jusqu'à Rivarol par sa brusque réponse à la question impertinente : « Monsieur va? — Où l'on se bat, monsieur. »

La façon dont il conte les illusions des émigrés, croyant être à Paris dans la quinzaine, rabrouant les retardataires, et les forçant parfois à acheter par un duel, comme il advint à Montlosier, l'hospitalité de leur bivouac; la manière dont il apprécie ces préjugés de caste, survivant à la fraternité des armes, qui refusaient même l'égalité du vêtement aux émigrés du tiers, leur imposant un uniforme gris de fer, différent de celui des émigrés nobles; la mine avec laquelle, dédaignant les compagnies d'officiers et les broderies de l'état-major, il alla prendre simplement son rang de sous-lieutenant dans une des sept compagnies bretonnes : tout cela montre assez que, bien loin d'afficher le zèle et la superstition politique de la plupart de ses compagnons, il avait grand'peine à garder quelques restes de leur religion et à se défendre de l'indifférence.

Il était venu tout simplement, lui, pour la guerre, non pour la forfanterie, le panache et le butin de cette revanche qu'on escomptait présomptueusement autour de lui. Il était venu non en petit-maître, en fanfaron du roi, en parasite de l'étranger, mais en soldat et en poète, son havresac et son bagage remplis de livres et de manuscrits (le journal de ses voyages et les *Natchez*) plus que de chemises et de flacons d'odeur. Après avoir lu, comme devaient le faire plus tard Lamartine et Alfred de Vigny, Homère et la Bible sous la tente, il s'avançait, rêveur, vers les tranchées de Thionville, dur à la souffrance, insoucieux de la fatigue, distrait au feu, ne cherchant qu'une occasion de se bien battre et de bien mourir au besoin. Elle lui fit défaut et tout son héroïsme dut se résoudre à supporter aussi patiemment qu'il en était capable la déception d'une campagne de sièges et d'escarmouches, l'obscur martyre de la misère, de la faim, de la maladie, qui faillit le tuer sans gloire sur un tertre du chemin ou sur un grabat de cabaret.

Le 16 octobre 1792, au camp près de Longwy, le chevalier, blessé d'un léger éclat d'obus à la cuisse, malade de la fièvre, de la dysenterie, enfin atteint de petite vérole confluente, fut congédié avec un certificat fort honorable du commandant de sa compagnie, M. de Goyon-Miniac, le corps d'émigrés étant licencié, et se traîna, à l'aide d'une béquille, vers Ostende, où il espérait pouvoir trouver à s'embarquer pour Jersey. C'est dans cet état et cet équipage qu'il commença à pied un voyage de deux cents lieues, qu'il faillit bien ne pas finir.

A Bruxelles, le malheureux, les cheveux pendants sur son visage masqué par sa barbe et ses moustaches, la cuisse entourée d'un torchis de foin, couvert par-dessus son uniforme en loques d'une couverture de laine nouée à son cou, présent de la charité des femmes de Namur, fut refusé à la porte de tous les hôtels, même de celui qu'il avait habité avec son frère. Sur le seuil il eut la chance de rencontrer celui-ci, qui descendait de voiture avec le baron de Montboisier, dont il était l'aide de camp. On le logea dans un bouge, chez un perruquier où il reçut les soins d'un chirurgien et d'un médecin. Son frère approuva son dessein de passer à Jersey une fois guéri; il lui avança vingt-cinq louis et lui dit un adieu qu'il ne croyait pas être le dernier.

A peine en état de se traîner, l'émigré recommença sa vie errante, et après de navrantes péripéties, débarqué à la pointe occidentale de l'île de Jersey en proie aux affres d'une crise suprême, il fut transporté chez son oncle, M. de Bédée, à Saint-Hélier, et y demeura suspendu pendant quatre mois entre la vie et la mort.

Dans les derniers jours de janvier 1793, il vit entrer un matin dans sa chambre son oncle en grand deuil, qui lui apprit la mort de Louis XVI. Il s'in-

forma des nouvelles de sa famille. Ses sœurs et sa
femme avaient pu quitter Paris, non sans peine,
après les massacres de Septembre. Elles étaient
revenues en Bretagne. Son frère, de retour en
France, s'était retiré à Malesherbes, où il espérait
n'être pas inquiété.

Le chevalier, à peine guéri ou à peu près, se décida,
après avoir reçu trente louis qu'un bateau fraudeur
de Saint-Malo lui apporta, à passer en Angleterre.

Il choisit Londres pour dernière halte de son
émigration, dégoûtée du bateau et de la tente, et
désormais sédentaire et désarmée. Résolu, en attendant meilleure occasion, à vivre de la plume et non
plus de l'épée, il pensa que c'était assez servir sa
cause que de souffrir pour elle l'exil et la misère.
Car il ne pouvait se faire illusion (décidé qu'il était
à refuser tous subsides, hormis ceux de la famille)
sur les ressources qu'il tirerait de son travail. Lequel? serait-il instituteur, secrétaire, journaliste,
traducteur? Il fallait d'abord trouver un élève, un
patron, un maître pour achever d'apprendre cet
anglais, qu'il savait déjà un peu, qu'il sut bientôt
à fond, ayant le don de la rapide possession des
langues.

En attendant, le chevalier de Chateaubriand, arrivé
à Londres le 21 mai 1793, s'y installa, conformément
à sa pauvreté présente et à sa misère à venir, dans
une mansarde de Holborn.

C'est en crachant le sang, dans les dispositions
mélancoliques et amères du poitrinaire, que le che-

valier, vivant le jour tant bien que mal de quelques
traductions du latin et de l'anglais, passait la nuit à
écrire un gros livre contre la décevante doctrine du
progrès. C'était un *Essai sur les Révolutions anciennes
et modernes*, livre de doute, de colère et de révolte,
plus sceptique encore qu'impie, où l'on trouve plus
de promesses que de réalités de talent.

Au moment où le chevalier écrivait ce livre triste
comme lui, se demandant s'il parviendrait à achever
son ouvrage, s'il trouverait un éditeur, souvent prêt
à briser sa plume, en se disant : « A quoi bon? »
l'occasion favorable, qu'il souhaitait sans oser l'es-
pérer, lui apparut sous la figure de son compatriote
Peltier. L'ancien rédacteur des *Actes des Apôtres*,
l'auteur du pamphlet *Domine salvum fac regem* et de
bien d'autres, aventurier de la plume, intrigant en
toutes affaires, continuait à Londres, non sans succès
et sans profit, son entreprise de Paris. C'était un
personnage singulier, qui semblait échappé d'un
roman de son compatriote Lesage, homme d'esprit
et bonhomme au demeurant.

Il vint voir le chevalier et lui offrit ses services.
Il approuva fort le plan de l'*Essai*, déclara que ce
serait superbe et il proposa à l'auteur une chambre
chez son imprimeur Baylie, qui imprimerait l'ouvrage au fur et à mesure de sa composition. Le
libraire Deboffe aurait la vente. Le succès était certain; lui, Peltier, emboucherait la trompette de la
Renommée dans son journal *l'Ambigu*. On trouverait moyen de se faire prôner au *Courrier français*

de Londres, dont la rédaction allait être confiée à
M. de Montlosier.

Ainsi dit, ainsi fait. Le chevalier se mit au travail,
compulsant les ouvrages dont il avait besoin, et que
lui fournissait Baylie. Il n'était pas toujours seul.
En même temps que les bons offices de Peltier, le
hasard, c'est-à-dire la Providence lui avait ménagé
la compagnie et la conversation d'un émigré comme
lui, Breton comme lui, lettré comme lui, et non
moins malheureux, M. Hingant, ancien conseiller
au parlement de Bretagne. Celui-là, trouvant sans
doute l'histoire trop triste, écrivait des romans.
Les deux auteurs également inconnus se lisaient
mutuellement leurs ouvrages. L'ambition et la pauvreté communes avaient bien vite resserré la liaison,
fraternité de travail, de misère et d'espérance qui faisait vivre ensemble les deux amis et faillit les faire
mourir ensemble.

La cause de ce parti désespéré était la misère
noire des deux amis, réduits pour toute fortune à
soixante francs, qu'ils faisaient durer en se ration-
nant afin de résister jusqu'au bout et de ne se rendre
à la mort que devant la faim. Le chevalier connut les
premières angoisses de l'inanition, la révolte du corps
reprochant à l'esprit de ne pouvoir le nourrir. Hingant succomba le premier au désespoir, et essaya
d'un suicide furtif, sans avoir la force de le con-
sommer. Prévenus, les parents du malheureux accou-
rurent et le firent transporter à la campagne, où
leurs soins le guérirent. Quant au chevalier, au

4

moment où il délibérait sur la façon dont il sortirait
de la vie, mais sans manquer la porte, comme Hingant, il reçut, par son oncle de Bédée, quarante
écus, oblation touchante de la famille persécutée, ce
qui lui permit d'attendre, avant d'employer les derniers moyens du désespoir, une occasion de salut.

Cette occasion lui apparut encore, toujours sous
la figure de l'officieux et facétieux Peltier, qui le
réconforta d'abord d'un bon repas, ensuite d'un bon
conseil. Il se souvint d'avoir lu dans un journal de
Yarmouth qu'une société d'antiquaires allait s'occuper d'une histoire du comté de Suffolk, et qu'on
demandait un émigré capable de déchiffrer des
manuscrits français du xiie siècle de la collection de
Camdem. Le *parson* ou ministre de Beecles était à la
tête de l'entreprise. C'est à lui qu'il fallait s'adresser.

Muni de quelque argent que lui prêta Deboffe sur
l'assurance de la reprise de l'*Essai*, et d'une lettre
de recommandation de son éditeur-créancier, le
chevalier partit pour Beecles, sous le nom de Combourg. Mais l'*incognito* ne tarda pas à être percé, et
la sympathie s'ajouta à la curiosité quand les jour-
naux portèrent des nouvelles de France qui causèrent
à l'émigré une telle émotion qu'il ne put la dissimuler. Ses pleurs et son deuil trahirent le vicomte
de Chateaubriand. Les feuilles publiques annon-
çaient la mort de M. de Malesherbes, de sa fille la
présidente de Rosambo, de son petit-gendre et de sa
petite-fille, le comte et la comtesse de Chateaubriand,
immolés le même jour sur le même échafaud. Dans

la partie de la famille encore épargnée, les survivants ne gardaient que la vie.

C'est à ce moment que se place cette courte idylle de Bungay où le nouveau Werther allait trouver une autre mais virginale Charlotte. Nous ne déflorerons pas, en l'analysant, le charmant récit, fait par le héros lui-même, de ce premier roman de sa jeunesse dont le cadre et les détails font penser à Goldsmith, de ce premier amour sérieux, sincère, pur, noué par l'attrait mutuel des personnes et la complicité des choses entre Charlotte Ives, la fille du ministre de Bungay, et le jeune émigré pauvre, ignoré, sans autre séduction que celle du malheur immérité, qui amollit par la pitié le cœur des femmes, ou de ce mystère du génie et de la gloire future, que devine parfois leur esprit. Ce roman, qui ne pouvait aboutir qu'au mariage, fut brusquement interrompu par le dramatique aveu du proscrit à la mère et sous le coup duquel elle s'évanouit : « Je suis marié[1]! » Ce n'est pas sans douleur non plus qu'il refusa ainsi un amour qu'il ne pouvait partager sans crime, et que, fuyant le port du bonheur modeste et obscur, il se rejeta dans les orages de sa destinée.

Rentré à Londres, le chevalier dut se remettre à travailler pour vivre. Il acheva donc la première

---

1. M. Maurice Tourneux, dans un intéressant article sur Chateaubriand, rapproche cette situation et cet aveu de brusque dénouement, de la situation et de l'aveu identiques de Prud'hon, refusant par scrupule de loyauté et de probité la main de la fille de l'orfèvre Fauconnier, éprise de lui.

partie de son ouvrage et se décida à la publier.
L'*Essai sur les Révolutions* parut chez Deboffe, à
Londres, en 1797. Quel fut l'accueil que reçut cet
ouvrage nouveau par tant de côtés, et plus fait pour
surprendre que pour flatter l'opinion? L'*Essai*, nous
apprend son auteur lui-même, fit quelque bruit dans
l'émigration. Si le succès de Londres fut médiocre en
somme, et borné à un cercle assez étroit, son écho
à Paris fut plus faible encore. L'auteur avait envoyé
des exemplaires de son livre à La Harpe, à Delisle de
Sales, à Ginguené, à Fontanes, et sans doute aussi
à Rœderer. Ces appels à la critique la trouvèrent
assez indifférente.

Il profita du moins pour ses relations, sinon pour
sa fortune, de la notoriété répandue sur son nom. Il
fut recherché et accueilli avec curiosité et sympathie,
dans les divers centres de l'émigration et dans quelques salons qui lui étaient hospitaliers. Il assista
aux thés de Mme O'Larry, où il fut goûté pour son
air de fierté et de mélancolie. « Il portait son cœur
en écharpe », suivant le mot d'une jolie et railleuse
miss. Il connut Christian de Lamoignon et son frère
Auguste, qui vivait avec cette Mme Lindsay, « la
Ninon de l'émigration », le prototype d'Ellénore du
roman d'*Adolphe*, avait-on dit, dans l'ignorance des
mystères révélés depuis par le *Journal* de Benjamin
Constant. Il rencontra chez elle Malouet et Mme de
Belloy, le comte de Montlosier et le chevalier de
Panat; l'abbé Delille et Mme Delille.

Enfin abordèrent à Londres de nouveaux émigrés :

ceux du 18 Fructidor, et parmi eux M. de Fontanes,
qui devait se montrer depuis, surtout dans les occasions critiques, le meilleur ami de Chateaubriand.
Le premier service qu'il lui rendit fut celui des conseils d'un goût supérieur. Il devait partager plus
tard avec un autre admirable ami, un autre délicat,
d'un flair littéraire impeccable, M. Joubert, ce rôle
ingrat et salutaire de critique et de conseiller affec-
tueux. Mais il eut le premier le mérite de voir clair
dans le talent et l'avenir de l'auteur de l'*Essai*, de
l'aider à y voir clair lui-même, de lui donner conscience de sa valeur, de corriger ses écarts de style.
Bientôt tous deux allaient s'attacher à atténuer ou à
réparer, non seulement dans l'intérêt de sa gloire,
mais dans celui de sa fortune, les excès de verve
et d'imagination, les *par-delà* d'esprit, comme dit
Saint-Simon, et aussi les fautes de conduite et les
torts de caractère d'un homme qui était digne sans
doute d'avoir, mais qui fut bien heureux d'avoir des
amis comme Fontanes et Joubert.

On peut juger de l'intimité et de la cordialité, de
l'effet salutaire de réconfort, de pacification, d'inspiration de cette liaison entre Fontanes et Chateaubriand par une lettre du premier au second, écrite
d'Allemagne, en date du 28 juillet 1798, qui a trouvé
place dans les *Mémoires d'Outre-Tombe*.

« Travaillez, travaillez, mon cher ami, devenez
illustre, concluait cette lettre; vous le pouvez :
l'avenir est à vous. »

Au moment même où l'émigré, sous ces caressants

et vivifiants encouragements, se reprenait à ses rêves d'ambition et de gloire, il recevait une autre lettre bien différente, qui exerçait sur lui une influence jusqu'à un certain point contraire, et modifiait profondément ses projets. La lettre de Fontanes l'invitait à obéir à sa vocation ; celle de sa sœur l'en détournait : l'une l'exhortait à l'ambition de la gloire ; l'autre lui en conseillait le mépris. Celle-ci lui disait : « Travaillez et espérez » ; celle-là : « Priez et repentez-vous ». D'un côté, on lui parlait au nom de son avenir terrestre, et on lui souhaitait d'être grand ; de l'autre, on lui parlait au nom de son avenir céleste, et on lui souhaitait d'être saint.

La lettre de Julie, comtesse de Farcy, datée de Saint-Servan, le 1er juillet 1798, ne pouvait manquer d'avoir une grande influence : car elle avait le caractère testamentaire. Elle apportait à Chateaubriand les derniers conseils et les derniers vœux d'une mère mourante ; elle lui apportait en même temps les suprêmes adieux d'une sœur attristée par le pressentiment, trop justifié, d'une fin prochaine.

Il se fit dans l'esprit de Chateaubriand une révolution causée par un de ces orages du cœur qui se retrouvent à l'origine de toutes les phases décisives de son génie et de sa destinée. Il résolut d'écrire un second ouvrage, réparateur, expiatoire du premier. Il se détourna des sources profanes où il s'apprêtait à puiser de nouveau, pour revenir aux sources sacrées qu'il avait désertées. Il projeta, après Bernardin de Saint-Pierre, qui avait loué et béni Dieu

des merveilles et des bienfaits de la nature, de louer
et de bénir Dieu des merveilles et des bienfaits de
la religion. La douleur fit Chateaubriand chrétien,
comme la colère l'avait fait philosophe. C'est dans
son repentir, dans son remords des erreurs de sa
jeunesse, dans les larmes que lui coûtèrent la mort
de sa mère, de sa sœur et les adjurations de leurs
adieux qu'il trouva ce cri immortel par lequel il
devait ouvrir l'éloge de la seule religion qui console :
J'ai pleuré et j'ai cru.

Ceux qui ont trouvé le revirement brusque,
presque contradictoire, oublient que les grands
mouvements de l'âme se passent de transition ; que
cette soudaineté, qui atteste leur force, atteste aussi
leur sincérité ; et qu'il suffit d'un éclair et d'un coup
de foudre pour illuminer devant Paul le chemin de
Damas. Ils oublient enfin que l'épreuve du temps ne
fit pas défaut à cette évolution, entre le vœu maternel et fraternel, l'appel sorti de la tombe qui la
détermina et son accomplissement. Le *Génie du
Christianisme*, commencé en 1798, ne fut achevé qu'en
1802. Il mit quatre ans à passer de sa forme em-
bryonnaire à sa forme définitive. Et ce qui fit l'immense succès du livre, c'est précisément qu'il parut
au moment où l'évolution morale individuelle d'où il
était né était devenue une évolution nationale, et que
la France le lut dans un état d'âme pareil à celui
dans lequel il avait été écrit.

*Des beautés poétiques et morales de la religion
chrétienne et de sa supériorité sur tous les autres*

Cultes de la terre : tel était le titre primitif de l'ouvrage dont l'auteur avait livré la première partie à MM. Dulau, libraires du clergé français, émigrés à Londres, qui s'étaient chargés de la publication. Les premières feuilles étaient imprimées et avaient obtenu un vif succès de lecture dans le monde de l'émigration, lorsqu'il fut permis à l'auteur de rentrer en France, à la fin du grand mouvement de réparation, de pacification inauguré par le Consulat. Il dut toutefois y rentrer *incognito*. Le ministre de Prusse lui procura un passeport sous le nom de Lassagne, habitant de Neufchâtel. MM. Dulau interrompirent le tirage de son livre et lui en remirent les feuilles composées. Il détacha des *Natchez* les esquisses d'*Atala* et de *René*. Il enferma le reste du volumineux manuscrit dans une malle dont il confia le dépôt à ses hôtes à Londres, et il se mit en route pour Douvres, avec Mme d'Aguesseau, sœur de MM. de Lamoignon. Mme Lindsay les attendait à Calais.

C'est dans la compagnie de ces deux aimables protectrices que Chateaubriand « se glissa dans sa patrie à l'abri d'un nom étranger, et que, caché doublement dans l'obscurité du Suisse Lassagne et dans la sienne, il aborda la France avec le siècle [1] ».

---

1. M. Edmond Biré a cherché et trouvé la date exacte du débarquement à Calais, qui est le 18 floréal an VIII (8 mai 1800).

CHAPITRE IV

TRIOMPHES ET DISGRÂCES
1800-1814

On sait de reste en quel état l'émigré de retour après une absence de huit années retrouvait sa patrie. Il n'est pas indifférent de savoir dans quel état il retrouvait sa famille.

Sa mère arrêtée, jetée dans une charrette et conduite, dans cet équipage si rude à ses soixante-douze ans, à Paris, oubliée à la Conciergerie, sauvée par le 9 Thermidor et revenue en Bretagne, y était morte dans une pauvreté voisine de la misère, à la fin de juin 1798.

Vers la fin de 1793, Mme de Farcy, Lucile de Chateaubriand et sa belle-sœur, née Buisson de la Vigne, avaient été écrouées, sur l'ordre du comité de surveillance de Fougères, au couvent du Bon-Pasteur de Rennes, transformé en prison.

Le 15 brumaire an III (5 novembre 1794), les trois détenues furent mises en liberté.

Vingt mois après, le 2 août 1796, Lucile de Chateaubriand épousait Jacques-Louis-René, chevalier

de Caud. Né le 19 juin 1727, le chevalier, en
août 1796, avait soixante-neuf ans. C'était un brave
officier, blessé deux fois au combat de Saint-Cast
(1758), pensionnaire des États en cette qualité. Ses
services, son affabilité, sans doute sa complaisance
pour les idées nouvelles, lui avaient valu une popularité qui avait survécu aux événements. Tout porte
à croire qu'il employa ce crédit, spontanément ou
par suite d'anciennes relations, à adoucir la déten-
tion et à favoriser la libération de Lucile, de sa sœur
et de sa belle-sœur. En pareil cas, il arriva souvent
après la Terreur qu'un mariage fut le dénouement
des relations commencées ou continuées pendant la
captivité, la récompense des services rendus, le
témoignage de la reconnaissance de la victime
sauvée. Lucile de Chateaubriand n'en pouvait donner
d'autre à son libérateur. Contrairement à ce qu'il
advint du mariage du comte de Montrond et de la
duchesse de Fleury (*la Jeune Captive*), chantée par
André Chénier, contracté dans des circonstances
sinon des conditions semblables, et que devait
bientôt dissoudre le divorce, cette union de raison
et de nécessité ne paraît pas avoir été malheureuse.
Ce fut sans doute un de ces mariages sans amour et
sans joie, mais non sans douceur et sans dignité, où
l'affection conjugale est remplacée d'un côté par
une paternelle tendresse, et de l'autre par un filial
dévouement. L'époux déjà âgé y donne à la femme
encore jeune, épouse seulement de nom, en échange
des agréments d'une société qui réjouit sa vieillesse,

l'avantage d'une protection non gênante, de la sécurité d'un foyer et d'un état dans le monde.

Mme de Caud devint veuve le 15 janvier 1797. Elle perdit le 26 juillet 1799, à Rennes, sa sœur Mme de Farcy, devenue un modèle de piété, et dont on trouve la vie dans le recueil édifiant de l'abbé Caron [1]. Lucile et sa belle-sœur Mme de Chateaubriand vécurent retirées à Fougères auprès de leurs sœur et belle-sœur, Mmes de Marigny et de Chateaubourg.

Chateaubriand avait abordé la France en vrai naufragé, sans autre fortune que son talent et les ressources qu'il espérait en tirer. Ainsi démuni, il ne pouvait songer à recevoir sa femme, et à lui faire quitter l'asile de famille pour un foyer mercenaire. Il ressentit d'autant moins le vide de cette absence des siens autour de lui, qu'une sorte de famille d'adoption les suppléa bien vite, composée de ses amis Fontanes et Joubert, hospitaliers et dévoués, et dont le zèle sans jalousie lui ménagea bientôt la bonne fortune d'une de ces amitiés féminines discrètes, délicates, vigilantes, dont il ne pouvait se passer, et qu'il rencontra toujours à point pour les besoins de son esprit et de son cœur.

Chateaubriand se reprit à travailler avec ardeur à son ouvrage dès qu'il se fut mis en règle avec la police pour un permis de séjour et eut trouvé un logement et un éditeur. Il loua un modeste entresol

1. *Vies des Justes dans les plus hauts rangs de la société*, Paris, chez Rusand, 1817, t. IV.

rue de Lille, et il traita avec le libraire Migneret,
qui consentit à recommencer l'impression inter-
rompue et à faire à l'auteur les avances dont il avait
besoin pour vivre.

Il rentrait en France après un long séjour en
Angleterre où, d'abord réfractaire à l'assimilation,
il avait fini par s'acclimater si bien qu'il s'était en
quelque sorte anglicisé, rapportant, dans ses habitudes, dans son langage, dans ses manières, plus
d'une trace de cette influence britannique dont il lui
fallait maintenant se dépouiller. C'était une sorte de
lord Oswald dépaysé, inquiet, obligé d'écrire pour
vivre. Il avait pour cela un don de génie et une divi-
nation de l'art; mais il avait besoin d'apprendre le
métier. Pour adoucir ses dispositions misanthropi-
ques, pour l'assouplir peu à peu aux tolérances
qu'exige la société des hommes, pour dérider son
front, desceller ses lèvres et lui rapprendre la conversation et le sourire, il fallait l'influence, le commerce,
le salon d'une amie tendre et sensée, d'esprit, de tact
et de goût. Fontanes et Joubert se firent les conseillers de son talent, les modérateurs de sa force
encore un peu sauvage et indisciplinée. Il trouva
l'inspiratrice, la pacificatrice, la confidente discrète
et dévouée, la providence féminine dont il avait
besoin dans la comtesse Pauline de Beaumont.

Incapable de blesser, douée elle-même des sensi-
bilités les plus délicates, Mme de Beaumont trouva
moyen d'apprivoiser en la flattant une humeur impatiente du joug même le plus doux, de se dévouer en

paraissant accepter pour elle un dévouement qui lui
était si nécessaire, dans sa gracieuse fragilité et
son isolement mélancolique, son deuil de victime de
la Terreur, seule épargnée de toute sa famille. Elle
se glissa ainsi dans la confiance de l'homme de lettres-
gentilhomme, à la pauvreté fière, à l'orgueil suscep-
tible, qu'une bienveillance moins insinuante, moins
caressante, eût froissé. Elle veilla, sans y paraître,
sur toutes les affaires de celui qui, dès le premier
jour et par sa seule présence, avait mis, comme on
disait alors, de l'intérêt dans sa vie sans but, qui
lui avait inspiré ce sentiment où l'amitié sert de
voile à l'amour, gagnant peu à peu l'esprit par l'admiration et le cœur par la pitié.

C'est le salon de Mme de Beaumont qui fut le
premier centre de l'activité et de l'influence de Chateaubriand, le premier rendez-vous de cette société
d'élite, toujours depuis groupée autour de lui, et où il
trouva, dès ses débuts, les prôneurs zélés, les amis
vigilants et dévoués dont ne peut se passer pour
s'établir et pour durer toute renommée. Il ne suffit
pas, pour être célèbre, du talent qui suffit pour
mériter de l'être. Il faut encore avoir son groupe, son
parti, son école, ses points d'appui et de ralliement.

Il était bien modeste, ce salon, bien effacé et
éclipsé par l'éclat des cercles brillants et triomphants
du moment, ceux de Mme de Staël, de Mme Récamier, de Mme Joseph Bonaparte et, dans d'autres
milieux, les salons de la princesse de Poix, de
Mme d'Houdetot, de Mme Suard. Mais ce petit centre

de la rue Neuve-du-Luxembourg, ce salon sans apparat, sans courtisans, qui ne comptait que quelques fidèles, a mérité, par la part qu'il a prise dans le développement du talent et de la gloire de Chateaubriand, une place dans l'histoire littéraire et sociale du siècle. On s'expliquera mieux cette originalité de la physionomie du petit cénacle de la rue Neuve-du-Luxembourg quand nous aurons nommé les femmes et les hommes qui le fréquentaient, attirés par l'esprit de liberté, de nouveauté, d'espérance dans l'avenir qui y animait et y vivifiait le respect plus que le regret du passé [1].

C'étaient, parmi les femmes, Mme de Pastoret, l'amie d'André Chénier, qui avait été arrêté chez elle; Mme Hocquart, que recommandait le même poétique et mélancolique souvenir; qui, de plus, avait été aimée du frère de Mme de Beaumont, le jeune comte de Montmorin, dont la dernière pensée, au pied de l'échafaud, avait été pour elle; Mme de Vintimille, chantée, ainsi que sa sœur, par La Harpe, qui mérita et partagea avec Mme de Beaumont l'amitié grave et tendre d'un homme qui ne pouvait

---

1. *Chateaubriand et son groupe*, etc., I, 189-190. *La Comtesse Pauline de Beaumont*, par M. Bardoux, p. 281. Nul n'a plus fait que le biographe généreux et délicat de Mme de Beaumont et de Mme de Custine pour la connaissance intime de Chateaubriand et des femmes charmantes et malheureuses qui exercèrent sur ce génie impérieux, un peu égoïste, une influence bienfaisante, achetée au prix de plus d'une déception et de plus d'un sacrifice. Le dévouement, auprès de ces dominateurs, plus naturellement ingrats que reconnaissants, a ses délicieuses et aussi ses douloureuses servitudes.

aimer que ce qu'il estimait et dont le respect honorait, l'ingénieux et délicat moraliste Joubert.

Il ne faut pas oublier les apparitions intermittentes de Mme de Staël ou de Mme de Krüdener; l'une à la conversation éclatante comme le soleil, qui illuminait et échauffait un salon d'éloquence dès les premières paroles; l'autre sentimentale, tendrement coquette, à l'éloquence clair de lune, qui n'avait pas encore renoncé au monde, à ses pompes et à ses œuvres, pour devenir la prêtresse, à robe blanche et à cothurne, d'un mysticisme moins religieux que romanesque, moins sacré que profane.

Parmi les hommes, il faut citer M. Pasquier, qui avait cédé à Mme de Beaumont l'appartement qu'il occupait rue Neuve-du-Luxembourg, dont les fenêtres donnaient sur les jardins de l'hôtel de la Chancellerie (actuellement ministère de la justice); son ami devenu bientôt l'ami de la maison à force de bons offices, M. Jullien, financier généreux, hospitalier et épris des choses littéraires; Adrien de Lezay; puis le triumvirat des trois amis d'élite et de prédilection : MM. de Fontanes, Joubert et Molé. Le poète et ancien émigré de Chênedollé, MM. Guéneau de Mussy, de Bonald, enfin, M. Bertin, complétaient le groupe des familiers du salon bleu de cette Arthénice sans préciosité, où ils s'interpellaient gaiement par des sobriquets dont la vulgarité eut étonné la marquise de Rambouillet et scandalisé Mlle de Scudéry.

C'est dans ce salon tranquille, intime, mystérieux,

à peine éclairé par une seule lampe, où les deux anciens serviteurs témoins des splendeurs de l'hôtel de Montmorin n'offraient aux visiteurs, comme tribut de l'hospitalité, que le modeste verre d'eau sucrée ou d'orangeade, que Chateaubriand, inconnu de tous, hormis des quelques amis qui avaient favorisé sa rentrée en France, fit son apparition, un soir du printemps de 1800, présenté par M. de Fontanes. Du premier coup, il fit entrer avec lui la passion, le génie, la gloire, éclipsant tout, séduisant tout, dominant tout.

Chateaubriand avait, à ce moment, trente-deux ans. Il était en pleine fleur de sa virilité. Sa taille était moyenne. Il avait les épaules un peu hautes. En lui la vie et la mâle beauté se concentraient dans la tête, qui était superbe et fascinait l'interlocuteur par son large front, ses cheveux noirs bouclés, ses yeux au regard profond comme la mer dont ils avaient la couleur; et, quand il voulait plaire, ce sourire d'un charme irrésistible que le comte Molé dit n'avoir connu qu'à Bonaparte et à lui.

Sans attendre la fin de son ouvrage, et dès la première occasion, Chateaubriand, impatient de lumière et de lutte, se jeta dans la publicité par la polémique philosophique et critique. Il y fit ses premières armes en brisant une première lance, « assez peu courtoise, il faut le dire, contre Mme de Staël, que la célébrité lui désignait comme sa grande rivale du moment [1] ».

1. Sainte-Beuve, t. I, p. 190. — Bardoux, p. 304-307. Voir

M. de Fontanes avait critiqué et raillé l'ouvrage :
*De la littérature considérée dans ses rapports avec les
institutions sociales.* Chateaubriand intervint dans
le débat avec une vivacité que n'excusait aucune
provocation. Il oublia trop le sexe d'un auteur qui
pensait, parlait et écrivait en homme, mais qui sentait en femme. Mme de Staël le lui rappela spiri-
tuellement et noblement. Elle eut le beau rôle en
cette affaire. Elle fut arrangée, sur ses plaintes trop
fondées, par la délicate médiation de Mme de Beaumont, habile à panser les blessures que faisait son
chevalier. Mme de Staël se vengea en employant son
crédit et celui de ses amis à obtenir la radiation de
Chateaubriand de la liste des émigrés. Il alla remer-
cier sa généreuse ennemie, et paya la dette de sa
reconnaissance dans un passage réparateur de la
Préface d'*Atala* et dans un article du *Mercure.*
Depuis, l'adversaire passionné — à ce moment —
de la doctrine de la perfectibilité, et celle qui la
défendait et la personnifiait si bien, furent amis,
autant qu'ils pouvaient l'être.

La tendre et vigilante sollicitude de Mme de Beaumont fut mise bientôt à une plus rude épreuve par
les scrupules et les craintes — non partagés par
Fontanes et Joubert — que lui causa une brusque,
audacieuse et, selon elle, téméraire détermination de
son ami. La perte de quelques feuillets d'épreuves,

sur les rapports de Chateaubriand et de Mme de Staël l'ouvrage de M. Albert Sorel dans cette collection, où il en a
parlé en maître (*Mme de Staël*, p. 87-88).

qui lui fit redouter un larcin et une publication subreptice, en fut la cause ou le prétexte. Il s'agissait de détacher du *Génie du Christianisme* l'épisode d'*Atala*, et de lancer cet émouvant et brûlant tableau de passion sauvage, ce roman du désert en avant-courrier du grand ouvrage d'apologie poétique de la religion. La tentative ne laissait pas d'avoir ses hasards. Mais la fortune sourit aux audacieux, surtout lorsqu'ils sont jeunes. Chateaubriand engagea hardiment la partie, et la gagna avec éclat. Un article de journal l'avait fait connaître. Un petit roman le rendit célèbre.

Atala parut en avril 1801. Ce fut un succès de surprise et d'enthousiasme, égal à la nouveauté et à l'originalité de l'œuvre. Des femmes et des jeunes gens, l'enchantement gagna jusqu'aux juges les plus sévères. Quelques contradictions isolées, bientôt étouffées dans l'applaudissement, ne firent que mieux ressortir un triomphe auquel rien ne pouvait nuire, que servaient même les épigrammes, les caricatures, les parodies.

Le succès fut encore plus vif dans les salons et dans la société polie que dans les milieux lettrés. M. de Fontanes, lié avec Mme Bacciocchi, présenta l'auteur à la sœur et bientôt au frère du Premier Consul, Lucien.

Chateaubriand éprouvait, dès la fin de mai 1801, ce besoin d'isolement et de recueillement qui suit toutes les grandes émotions. Il aspirait après la paix des champs et le rafraîchissement de leur ciel et de leur verdure. Enfin, il était aiguillonné par le pressentiment de l'heure favorable et prochaine pour la publication du *Génie du Christianisme*. Il n'ignorait pas que la meilleure chance de succès pour les œuvres humaines est souvent moins dans leur mérite que dans leur à-propos. Mme de Beaumont, âme inquiète et tourmentée comme la sienne, quittait aussi volontiers Paris pour se reposer à la campagne des agitations de la ville. Une concordance d'humeur et de goûts, un doux entraînement de sympathie mutuelle favorisa la proposition qu'elle fit à l'écrivain, trop pauvre pour se donner le luxe d'un asile indépendant, de partager sa retraite, où elle s'associerait à ses travaux.

Le *Génie du Christianisme* fut achevé pendant les six mois de cette villégiature à Savigny-sur-Orge. Le travail et le bonheur n'ont pas d'histoire. Nous renvoyons en tout cas le lecteur aux détails donnés par Chateaubriand dans ses *Mémoires* avec une discrétion attendrie par le souvenir de ces charmants mystères, dont le biographe de Joubert a respecté les voiles, soulevés par le biographe de Mme de Beaumont d'une main plus hardie, mais toujours délicate et légère [1].

Cependant le Premier Consul poursuivait, sous les auspices d'une paix due à la victoire, avec le prestige de la gloire et du génie, son œuvre de répara-

---

1. Bardoux, p. 317-335. — *Les Correspondants de Joubert* (1785-1822). *Lettres inédites*, etc., par Paul de Raynal, p. 129-139.

tion et de réorganisation. Elle ne coûtait encore rien à la liberté, ce qui permettait à tous d'y applaudir, de s'y associer, ce qui arrachait à Rœderer les éloges d'un enthousiasme attendri, ce qui a fait comparer plus tard, par le duc de Broglie, cette aube de la régénération, dans la force et dans l'ordre, de la société, du gouvernement et de la France, aux plus belles années du règne de Henri IV.

Le jour de Pâques 18 avril 1802, le Concordat était solennellement publié, à bruit de tambour et son de trompe, dans tous les quartiers de Paris, par les officiers municipaux. Bonaparte, en grand appareil diplomatique et militaire, échangeait aux Tuileries les ratifications de la paix d'Amiens. Le même état-major, le même cortège des grands corps de l'État, des ministres, des généraux, de leurs femmes, noyau brillant de la future cour, accompagnaient en grand uniforme, en toilette de gala, le Premier Consul, revêtu lui-même de l'habit de velours rouge brodé d'or, et Mme Bonaparte, à la troisième cérémonie de cette grande journée, signalée, dès l'aube, à l'attention et à l'allégresse populaires par une salve de cent un coups de canon. Cette fête de la concorde et de la paix allait recevoir à Notre-Dame, qui, pour la première fois depuis douze ans, ouvrait ses portes à un cortège officiel, la consécration religieuse. L'archevêque de Paris vint processionnellement recevoir le Premier Consul, qui effaçait les deux autres au point qu'on ne voyait que lui, à la porte de la basilique, et lui présenter l'eau bénite et l'encens. Il fut conduit sous le dais à la place qui lui était réservée devant l'autel, aux deux côtés duquel étaient rangés le Sénat, le Corps législatif, le Tribunat. Le cardinal Caprara, légat du Saint-Siège, officia pontificalement à la messe, puis entonna le *Te Deum* d'actions de grâces, exécuté par deux orchestres, que conduisaient Méhul et Cherubini.

Le même jour, un article du *Moniteur* où M. de Fontanes donnait la consécration officielle aux éloges de son article du *Mercure* qui l'avait précédé, annonçait la publication de ce livre, devenu à la fois un monument politique et un monument littéraire, dont l'auteur employait toutes les ressources d'un art nouveau et d'un style original à célébrer les grandeurs et les poésies du christianisme. Cette recommandation, cette coïncidence et les termes mêmes de la *Préface* de l'ouvrage ne permettaient pas de douter de l'adhésion de l'auteur à ce grand acte de la pacification religieuse, ni de son admiration pour celui qui venait de rouvrir les temples et d'incliner sa gloire devant l'autel [1].

Si l'on veut se rendre compte de l'impression pro-

---

1. Sur les diverses éditions, sur les divers états du *Génie du Christianisme*, sur les changements successivement introduits par l'auteur dans son ouvrage, selon les temps, sur cette première édition surtout, où sont tant de choses, y compris la *Préface*, qui ont disparu dans les éditions suivantes, il existe une curieuse et substantielle étude critique et bibliographique de M. Edmond Biré (*la Première Édition du Génie du Christianisme* dans ses *Causeries littéraires*, p. 219 à 250).

duite par cet article, et surtout par le livre qui y
était l'objet de solennelles louanges, il faut rapprocher l'effet de leur publication de celui de la restauration du culte. Il faut se souvenir que, depuis
douze ans, à Paris, les églises étaient closes ou pro-
fanées, ayant servi de salles de club, de réfectoires
fraternels, de magasins, de prisons, quelques-unes
souillées par les bacchanales des fêtes de la Raison.
Depuis si longtemps on n'avait pas prononcé le nom
de Dieu, que lorsque Bernardin de Saint-Pierre,
dans son cours à l'école Normale, le proféra pour la
première fois, il y eut, chez le professeur et dans
l'auditoire, une émotion dont la surprise se traduisit
par des larmes. C'est avec des larmes de souvenir et
d'espérance que les rares assistants aux cérémonies
discrètes, presque furtives du culte, tolérées, à titre
privé, dès 1800, en Bretagne par exemple, dans une
mansarde transformée en chapelle, voyaient quelques
jeunes enfants faire leur première communion, au
chant du *Lauda Sion*, arrangé avec accompagnement
de harpe par la maîtresse de la maison [1].

Mais nulle part encore, les prêtres, astreints à la
carte de sûreté, n'avaient pu vaquer publiquement
aux fonctions du culte. Jusqu'au 18 avril 1802, le
sanctuaire était demeuré sans mystères, les orgues
silencieuses, le clocher muet. On devine l'explosion

1. Voir une curieuse lettre du 11 août 1800 (t. II, p. 248)
dans l'ouvrage intitulé : *Un coin de la Bretagne pendant la
Révolution*, correspondance de Mme Audouyn de Pompéry,
publiée par son petit-fils E. de Pompéry. Lemerre, 1884.

d'émotions intimes et domestiques, surtout féminines, qui éclata, au premier bruit des chants sacrés,
dans cette société élevée par la philosophie, cor-
rompue et décimée par la Révolution, mécontente de
toutes deux, qui éprouvait à la fois le besoin, le
désir et la crainte de sources de foi moins décevantes.
On devine les larmes que versa et que laissa couler
avec joie cette société qui se croyait incapable de
croire et de pleurer. Elle pleura, à la lecture de ce
livre de réparation et d'expiation, dédié à la mémoire
de sa mère par un écrivain qui confessait hautement
le repentir de ses erreurs et de ses égarements, les
larmes que le chant des cloches pascales, sonnant
l'alléluia de la résurrection, arrache aux yeux du
docteur Faust, desséchés par les fièvres de la science
et de la volupté, dans le poème immortel de Gœthe.

Le *Génie du Christianisme ou Beautés de la religion
chrétienne*, par François-Auguste Chateaubriand,
avait été mis en vente le 14 avril 1802, quatre jours
avant la cérémonie de Notre-Dame [1]. A la première
page de chaque volume se trouvait l'épigraphe sui-
vante, supprimée depuis, que Fontanes avait aussi
placée en tête de ses articles : « Chose admirable !
la religion chrétienne, qui ne semble avoir d'objet
que la félicité de l'autre vie, fait encore notre bonheur dans celle-ci. » (Montesquieu, *Esprit des Lois*.)

1. Chez Migneret, rue du Saint-Sépulcre, faubourg Saint-Germain, 28, et chez Le Normant, rue des Prêtres-Saint-Ger-
main-l'Auxerrois, 42, 5 vol. in-8, dont le cinquième se com-
posait uniquement de notes et éclaircissements.

La *Préface* qui ouvrait le livre a également disparu des éditions postérieures. L'auteur y rendait au héros libérateur et pacificateur un hommage encore assez discret pour paraître désintéressé, et qui devait être répété et accentué pour porter fruit.

Parmi les éléments du succès de l'ouvrage, outre cet à-propos de sa coïncidence avec la restauration solennelle du culte, due en apparence à un hasard heureux, en réalité à un art de mise en scène dont l'auteur a donné plus d'un autre témoignage, il serait ingrat de ne pas signaler l'attrait et l'influence des deux épisodes romanesques de *René* qui formait le quatrième livre de la seconde partie, et d'*Atala*, qui formait le sixième livre de la troisième. Ces deux épisodes n'ont cessé, leur rôle d'enchantement profane fini, de figurer dans le *Génie du Christianisme* qu'à partir de la septième édition. Enfin, il ne serait pas moins ingrat d'oublier la part à faire, dans ce succès immense, à la maladresse acharnée avec laquelle l'ouvrage fut attaqué par les ennemis de l'auteur, parmi lesquels il convient de citer surtout Ginguené, et au zèle habile et persévérant avec lequel il fut défendu par les amis venant successivement à la rescousse : Fontanes, Guéneau de Mussy, Chênedollé, de Bonald, Clausel de Coussergues, Louis Bertin [1].

Le clergé devait la protection de son influence

1. On peut lire l'article de M. de Fontanes, le plus important de tous, au t. I, p. 281-285, de *Chateaubriand et son groupe*, etc.

renaissante à celui qui avait enguirlandé d'une si
riche poésie et paré de si suaves fleurs d'éloquence
les flambeaux des autels relevés. Chateaubriand
devint, sauf quelques bouderies de mécontents par
trop austères, qui préféraient l'église en deuil à
l'église en fête, la religion pauvrement vêtue à la
religion si coquettement parée, le favori du clergé.
Il fut aussi et surtout celui des salons et des châteaux où brillaient les femmes auxquelles il avait
appris le charme de la prière, la douceur des rêveries au pied de la croix dans l'oratoire placé près
du boudoir. Aussi rencontra-t-il, soit grâce à ces
hasards qui conspirent en faveur des héros du jour,
soit sur des avances plus discrètes et plus flatteuses,
maintes pieuses ou romanesques héroïnes éprises de
ce sentiment nouveau, avides de ces émotions inconnues, séduites par ce mélange de la passion et de la
foi mis par lui à la mode, et qui avaient trouvé dans
le livre à combler le vide de leur cœur ou cherchaient
à le combler auprès de l'auteur.

C'est ainsi qu'il connut Mme de Custine et se lia
intimement avec elle. Liaison charmante et caractéristique, où Chateaubriand n'eut pas le plus beau
rôle, qu'il laissa à son amie par égoïsme plus que
par galanterie. Elle s'ouvre en 1802, le jour de la
fête de la prise de possession du château de Fervac-
ques, qui fut aussi celui de la prise de possession de
la châtelaine par cet hôte séduisant et impérieux,
logé comme un roi dans la chambre au lit de Henri IV.
Elle se clôt, déchue à la simple amitié, sur les

adieux mouillés de larmes — d'un seul côté — de ce
départ de 1806 pour le voyage d'Orient avec Jérusalem pour but et pour station du retour Grenade et
l'Alhambra où, derrière un des arceaux à dentelle
de marbre, Mme de Mouchy attend le pèlerin, redevenu un très profane voyageur.

Mme de Custine ne fut pas la seule, tant s'en faut,
mais sans doute la plus belle et certainement la plus
intéressante des conquêtes féminines que le *Génie
du Christianisme* et son succès valurent à l'auteur.
Il ne tint qu'à lui d'ajouter à la liste un nom fort
imprévu, celui de sa femme. Mme de Chateaubriand
se montra disposée à revenir auprès de son mari, au
bruit de sa gloire et, disait-elle finement, sur le titre
de son livre. Le cas était embarrassant pour un
homme qui avait affiché si humblement le repentir
de ses erreurs passées, qui avait fait si éloquemment
profession de foi, et qui n'était pas rentré au giron
de l'Église pour refuser de rentrer au giron de la
famille. Il s'en tira moyennant une courte visite en
Bretagne, et des promesses dont on se contenta,
faute de mieux.

Mais les succès de l'amour-propre, ni même ceux
de l'amour, ne pouvaient suffire à remplir une âme
comme celle de Chateaubriand. Il avait la curiosité
de toutes les émotions, la soif de tous les inconnus.
Il lui manquait les plaisirs et les triomphes de l'ambition. Il les convoitait ardemment, et l'exemple de
la fortune politique de son ami Fontanes n'était pas
pour le refroidir. Il ne pouvait les devoir qu'à un seul

homme, dont il lui fallait faire la conquête, plus difficile mais plus flatteuse et plus féconde pour son avenir
que celle de Mme de Beaumont ou de Mme de Custine. Il s'agissait de plaire au Premier Consul, dont
le rang exigeait les avances, et dont l'orgueil, éclairé
par le génie, ne pardonnait pas une flatterie banale.

Une première entrevue, ou plutôt une première
rencontre entre Bonaparte et Chateaubriand, à une
fête chez Lucien, ébaucha favorablement cette négociation délicate, où nul ne voulait commencer. Le
Premier Consul, fendant la foule brodée, piqua droit
vers Chateaubriand qui s'y cachait. Il le prit brusquement pour interlocuteur d'un de ces entretiens
tournant si volontiers au monologue qu'il était imprudent de lui répondre, c'est-à-dire d'interrompre
ce flot de paroles brillantes et tranchantes, spontanées
et inspirées en apparence, mais toujours préparées
et combinées pour l'effet, à moins d'y être impérieu-
sement provoqué par l'interrogation. Chateaubriand
le comprit; il eut l'esprit d'écouter, l'éloquence de
se taire. Et cet hommage muet ne déplut pas.

Mais Bonaparte n'offrit pas encore ce que Chateaubriand ne voulait pas demander. Avec ceux qu'il
prétendait attirer dans son orbite, parce qu'ils lui
paraissaient en valoir la peine, Bonaparte ne se con-
tentait pas d'un hommage, si délicat qu'il fût. Il lui
fallait des gages, et des gages publics. Chateaubriand
dut se résoudre à les donner. L'acte d'hommage et
de foi, direct et personnel, de l'auteur au héros,
beaucoup moins discret que l'allusion de la *Préface*

de la première édition, fut fait par la dédicace de la deuxième édition, publiée en avril 1803. Un exemplaire de luxe porta au Premier Consul et à chaque membre de sa famille cette dédicace, qui fournissait les gages attendus et eut un effet décisif [1].

La réponse, en effet, ne se fit plus attendre. Peu de jours après, Chateaubriand était nommé secrétaire d'ambassade à Rome, auprès du cardinal Fesch, oncle du Premier Consul. Il paraît — il l'a dit du moins — qu'il hésita quelque temps à accepter. Et cela malgré ce qu'avait de tentant un début dans la diplomatie à Rome, auprès du pape, sous la protection tutélaire, où on ne pouvait deviner encore un joug importun, de l'oncle du Premier Consul, avec le *Génie du Christianisme* pour titre de recommandation !

Quoi qu'il en soit, Chateaubriand accepta ces fonctions de secrétaire d'ambassade à Rome et partit pour les occuper en mai 1803.

Sa lune de miel diplomatique ne dura pas longtemps. A peine Chateaubriand avait-il fait part à ses amis des bonnes impressions de son arrivée, de l'accueil flatteur de Sa Sainteté, qui l'avait fait asseoir près d'elle de la façon la plus affectueuse, lui avait montré obligeamment qu'elle lisait le *Génie du Christianisme*, ouvert sur sa table, l'avait congédié avec un paternel « mon cher Chateaubriand » ; à peine Fontanes, Joubert, Mme de Beaumont avaient-ils eu le temps de se féliciter de ces bonnes nouvelles, qu'ils

1. Sainte-Beuve a donné le texte de la dédicace et tous les détails qui s'y rapportent, p. 391-392.

en recevaient de toutes différentes, et que le ton de
la correspondance de leur ami passait brusquement
de l'optimisme le plus rose au pessimisme le plus
noir. Que s'était-il passé pour motiver un tel revirement dans les dispositions du secrétaire d'ambassade, pour obliger bientôt le zèle dévoué de ses
amis à s'efforcer non plus de faire valoir ses mérites,
mais de pallier ses torts?

Il s'était passé ce qui devait lui donner ces torts,
qui tenaient à sa situation, quand ils ne tenaient pas
à sa conduite. Il s'était passé ce qui arrivera toujours entre un chef fait plutôt pour obéir et un collaborateur fait plutôt pour commander, entre la vanité
jalouse de la médiocrité triomphante et l'orgueil
ombrageux du génie méconnu. « Le cardinal Fesch
n'était pas plus un supérieur accommodant que Chateaubriand n'était un subordonné commode[1]. » C'était
une erreur de les avoir placés ensemble, à Rome,
dans une ville pleine de dangers pour la bonne harmonie entre un prince de l'Église parvenu au rang
d'ambassadeur comme à la pourpre par l'unique
mérite de sa parenté avec le Premier Consul, et un
prince de la littérature, réduit, malgré la gloire, à
un rôle subordonné qu'on devait tendre à diminuer
encore. Il y eut bien aussi sans doute quelques
erreurs de conduite, quelques imprudences de langage, exagérées et envenimées par des rivalités
intéressées pour amener l'ambassadeur à punir le

1. Sainte-Beuve, p. 395.

secrétaire, coupable à ses yeux d'ingérences indiscrètes ou d'usurpations de prérogatives, en le privant de toute confiance et en le réduisant aux besognes subalternes de chancellerie.

De là, de part et d'autre, des susceptibilités, des froissements, des griefs réciproques qui aigrirent les relations entre l'ambassadeur et son secrétaire, et faillirent plus d'une fois éclater au dehors en un conflit scandaleux, que Chateaubriand eût payé d'une irrémédiable disgrâce [1].

Cet éclat était devenu, au milieu de l'été de 1803, imminent ; une dernière imprudence, un dernier défi de son ami, plus irrité qu'inquiet, semblaient devoir faire déborder le vase et mettaient aux cent coups la sollicitude, par moments exaspérée, de M. de Fontanes.

Contrairement à toutes les prévisions, le bien sortit précisément de l'excès du mal, par suite d'un de ces mouvements d'opinion à la faveur desquels la haine elle-même n'ose point résister. Il s'agit du voyage de Mme de Beaumont à Rome, au retour des eaux du Mont-Dore.

1. La vérité définitive sur cette querelle, longtemps demeurée mystérieuse, l'origine, la progression des petites causes qui la produisirent ont été démêlées, exposées dans leur suite et leurs vicissitudes, par un maître, M. Villemain, dans *la Tribune moderne* (1re partie), *M. de Chateaubriand, sa vie, ses écrits, son influence littéraire et politique sur son temps*, Paris, 1858 (p. 107-136). Il a eu la rare bonne fortune, qu'il n'a pas épuisée, de pouvoir mêler à la trame de son récit les passages les plus décisifs de la correspondance échangée entre Chateaubriand et son protecteur et médiateur Fontanes, et entre le cardinal et les ministres ou le Consul son neveu.

Elle y venait accompagnée d'un ami, M. Louis Bertin, le grand publiciste, proscrit sous le Directoire et exilé par le Consul à l'île d'Elbe, d'où il avait obtenu de sortir pour voyager en Italie. Chateaubriand n'hésita point à aller à Florence, au-devant de la fille du ministre de Louis XVI et du journaliste suspect, et à rentrer à Rome avec eux, après avoir assisté à la pompe funèbre d'Alfieri. Malheureusement son amie, d'âme plus rare et plus constante que celle d'Alfieri, n'avait pas sa santé et ne revenait à Rome que pour y traîner les derniers jours d'une existence tarie à ses sources. Elle y fut du moins heureuse un moment, et sa mort fut plus douce que sa vie. Elle y posséda quelques jours, grâce à une pitié si tendre et si délicate qu'elle put la prendre pour de l'amour, Chateaubriand tout entier.

Il s'appliqua à entretenir cette illusion, à laquelle, comme la flamme à la dernière goutte d'huile de la lampe, le reste de cette fragile vie était suspendu. Il s'obstina, avec la triste ardeur de la lutte suprême, à combattre contre cet inévitable destin, qu'on se flatte toujours pourtant de vaincre, l'amour étant, dit l'Écriture, plus fort que la mort. Rien ne le détourna de ce devoir, qui n'eut pas besoin de ménager l'opinion publique, attendrie et complice de ces efforts généreux qu'elle devinait malgré le mystère dont les enveloppait l'intimité. La vue de ces soins touchants, qui eussent pu, dans d'autres circonstances, éveiller la malignité, inspira à ceux qui en furent témoins une respectueuse pitié, devant ce chevet d'agonie où la mort cachait l'amour de son voile funèbre, sanctifiant, par son approche, un dévouement passionné.

Le 4 novembre 1803, Chateaubriand éprouva l'ineffable douleur de sentir s'arrêter sous sa main, comme une montre à bout de son ressort, ce cœur qui ne battait plus que pour lui. Son amie était du moins morte entre ses bras, ravie à la fois et désespérée, ravie de se croire aimée, désespérée de partir au moment de l'apprendre trop tard pour son salut.

Chateaubriand honora son cœur par la façon dont il avait assisté et consolé son amie mourante, par cette fidélité désintéressée avec laquelle il éleva à sa mémoire le double monument d'un tombeau durable, et d'un éloge funèbre d'une éloquence plus immortelle encore. Il honorait, peu de temps après, son esprit par son adieu à Rome, par une admirable lettre à M. de Fontanes sur la Ville éternelle et cette campagne romaine dont le tableau, sujet de prédilection, plusieurs fois traité, porta toujours bonheur à son pinceau.

Ce malheur de Chateaubriand et sa conduite dans ce malheur, les témoignages d'estime et de sympathie dont il fut comblé à cette occasion réconcilièrent le cardinal et son secrétaire, qui ne furent jamais plus amis que le jour de leurs adieux. Car Chateaubriand, à qui M. de Fontanes avait ménagé sa nomination aux fonctions de ministre de la République française dans le Valais, quitta Rome le 21 janvier 1804 pour occuper le poste, créé pour lui, où il serait

enfin son maître, affranchi de tout autre contrôle
que celui du ministre des affaires étrangères.

Il se rendit tout d'abord à Paris, et y revit ses
amis, préoccupé par plus d'un souci. Le plus sérieux
de tous, à ce moment, était sa réunion, devenue inévitable, avec Mme de Chateaubriand, dont la ruine
était désormais complète, par suite de celle d'un
oncle son débiteur. Chateaubriand, qui n'eut peut-
être pas fait grand effort pour rappeler auprès de lui
sa femme restée riche, ne crut pas pouvoir se dispenser de le faire, une fois qu'elle fut devenue pauvre.
Il se résigna donc à cette reprise de l'intimité conjugale, et y trouva même quelque temps un certain
plaisir, comme à toute nouveauté. Il fut d'ailleurs
récompensé de cette résolution, sinon par le bonheur domestique, qu'il était incapable de donner et
de goûter, du moins par la paix et la dignité du foyer,
et bientôt par le premier témoignage d'un dévouement capable de tous les sacrifices.

Le 18 mars 1804, le nouveau ministre de France
dans le Valais avait achevé ses préparatifs de départ
et allait aux Tuileries prendre congé du Premier
Consul. Il fut frappé du changement de visage de
Bonaparte, de l'altération de ses traits, ravagés par
l'effet du trouble intérieur, par l'effort qu'il faisait
pour le dissimuler, et pour retenir le secret, prêt à
lui échapper, de quelque résolution mystérieuse et
sinistre. Le Premier Consul s'arrêta un moment non
loin de Chateaubriand, comme s'il allait l'interpeller,
puis passa brusquement dans un autre salon, avec

un embarras qui laissa celui-ci en proie à d'inquiets
pressentiments.

Le surlendemain 20 mars, il sortait du jardin des
Tuileries, près du pavillon Marsan, à la grille ouverte
sur la rue de Rivoli.

Là, entre onze heures et midi, dit-il, j'entendis un homme
et une femme qui criaient une nouvelle officielle; des pas-
sants s'arrêtaient, subitement pétrifiés par ces mots : « Jugement de la commission militaire spéciale convoquée à Vin-
cennes, qui condamne à la peine de mort *Louis-Antoine de
Bourbon, né le 2 août 1772, à Chantilly.* » Ce cri tomba sur
moi comme la foudre. Il changea ma vie, de même qu'il
changea celle de Napoléon. Je rentrai chez moi, je dis à
Mme de Chateaubriand : « Le duc d'Enghien vient d'être
fusillé ». Je m'assis devant une table et je me mis à écrire
ma démission.

Mme de Chateaubriand ne fit aucune objection.
Elle trouvait tout naturel que son mari oubliât le
péril pour elle et pour lui et ne songeât qu'à l'honneur. Survint un ami, M. Clausel de Coussergues,
qui obtint la suppression de quelques phrases de
colère inutiles. « Peu importait, dit Chateaubriand
dans ses *Mémoires*, la rédaction : mon opinion et
mon crime étaient dans le fait de ma démission :
Bonaparte ne s'y trompa point. »

Peu importait, en effet, le texte de cette lettre,
adressée à M. de Talleyrand, ministre des affaires
étrangères; peu importait le motif allégué ou plutôt
le prétexte choisi, emprunté au répertoire d'excuses
aussi respectables que banales, mis par le *décorum*
politique au service des situations embarrassantes.
Le ministre démissionnaire alléguait le mauvais état

de la santé de sa femme, qui ne lui permettait pas
de la quitter. Il ne faisait aucune allusion au crime
qui ne lui permettait plus de servir le gouvernement
qui s'en était rendu coupable. Mais nul ne pouvait
s'y méprendre et ne pas voir dans cette lettre, sous
ce qu'elle disait, ce qu'elle ne disait pas [1].

Chateaubriand rentra dans la dignité mais non
dans l'obscurité de la vie privée, à la suite de cette
démission dont l'affront avait étonné et irrité le Premier Consul, au point d'effrayer ses amis, sans l'effrayer lui-même. Épargné, non sans surprise, par
la foudre qu'il avait bravée [2], il se remit au travail
consolateur et nourricier de sa disgrâce, jouissant
de l'indépendance reconquise, sans trouver qu'elle
lui eût coûté trop cher, goûtant tour à tour, aux
heures de repos et de loisir, la douceur de l'hospi-

1. M. Bardoux a, le premier, retrouvé et publié le texte de
cette lettre de démission, qu'on peut lire, ainsi que la réponse
de Talleyrand, dans son livre sur *Mme de Custine*, p. 429-430.

2. Il ne s'est pas contenté de protester, à son honneur et
risque, contre ce qu'il appelait l'assassinat juridique du duc
d'Enghien. Il a fait le procès du procès. Il a jugé les juges
et les jugements et fait la part des responsabilités dans une
soixantaine de pages de ses *Mémoires* où il incrimine pas-
sionnément la part prise par M. de Talleyrand à cette sinistre
affaire, non sur la scène, mais, suivant son habitude, dans les
coulisses du drame. Le chapitre des *Mémoires* du prince où il
se disculpe des accusations du duc de Rovigo, lu récemment
à une réunion de la Société d'histoire diplomatique, n'a point
paru décisif à cette compagnie, qui, par la bouche de M. le
marquis de Gabriac, a déclaré répudier toute solidarité morale avec la justification de M. de Talleyrand (*Temps* du
9 juin 1891). M. Henri Welschinger a consacré au duc d'Enghien, à sa vie, à sa mort, un ouvrage consciencieux et
émouvant.

talité dans les châteaux amis, se donnant la distraction d'un voyage au Mont-Blanc, visitant Mme de Staël dans ce Coppet où rien ne la consolait de son éloignement de Paris, et où, avec le lac Léman sous les yeux, elle regrettait le ruisseau de la rue du Bac, charmant à Villeneuve ses amis Joubert et Molé par son enjouement, par son entrain « de bon garçon ».

C'est là que la nouvelle de la mort de sa sœur de prédilection, Mme de Caud, vint le surprendre, le frapper au cœur en pleine joie ou tout au moins en pleine paix d'esprit, et assombrit de nouveau sa vie des crêpes funèbres [1].

Pour se distraire du chagrin de cette perte, moins vivement sentie par Mme de Chateaubriand, enfin délivrée de ces caprices impérieux de Lucile « dont elle était parfois toute meurtrie », Chateaubriand reprit la plume. Mais il abandonna bientôt le canevas des *Martyrs* pour aller chercher en Orient les couleurs dont il devait le broder. Il ne voulait point écrire le poème de la lutte suprême du paganisme et du christianisme sans avoir visité la Grèce et la Judée, sans avoir peint d'après nature le paysage homérique et le paysage évangélique ; et il ne voulait point non plus exprimer les sentiments du cœur d'Eudore, retracer les innocentes amours de Cymo-

---

1. Mme de Caud mourut le 20 brumaire an XIII (11 novembre 1804), âgée de trente-huit ans, rue d'Orléans, 6, quartier du Marais. Voir pour les détails : *Lucile de Chateaubriand et M. de Caud*, d'après des documents inédits, par M. Frédéric Saulnier, conseiller à la cour d'appel de Rennes.

docée et les coupables amours de Velléda, sans s'être
enivré lui-même une dernière fois de ce philtre de la
passion au rendez-vous qu'une voix enchanteresse
avait fixé à son retour sous les voûtes de l'Alhambra,
cher à la poésie romanesque et chevaleresque [1].

Parti pour Trieste le 13 juillet 1806, Chateaubriand rentra à Paris le 5 juin 1807, avec les impressions et les notes d'où devait sortir l'*Itinéraire de
Paris à Jérusalem*, et quelques agréables ou mélancoliques souvenirs, bientôt regrets, de plus.

A peine le repos nécessaire pris, il se sentit
aiguillonné par une impatience de ce repos et un
besoin de lutte tels qu'il ne tarda pas à entrer par
un coup d'éclat dans les rangs de cette élite d'oppo-
sants qui faisait à l'Empire la guerre subtile et
sourde, la seule possible aux minorités opprimées,
de l'épigramme, de l'allusion, harcelant de traits
piquants le despotisme dans sa gloire.

Devenu, par une suite d'arrangements avec M. de
Fontanes, seul propriétaire du *Mercure*, il y publia,
sur ou plutôt à propos de l'ouvrage de M. Alexandre de la Borde, le *Voyage en Espagne*, un article
trop imprudent pour qu'il n'entrât pas dans cette
imprudence un peu de défi. L'article eut un énorme

---

1. Sur la spirituelle et charmante duchesse, la plus aimée
de Chateaubriand, à qui quelques erreurs romanesques et
leur léger scandale, exagéré par une conscience timorée et
une imagination exaltée, coûtèrent le repos et la raison, voir
l'ouvrage de M. E. Delécluze sur *David et son temps* et ses
Souvenirs de cinquante ans. Voir aussi les *Lettres de
Mme Swetchine*.

succès d'admiration à huis clos et de circulation
sous le manteau. Mais il coûta à l'auteur sa propriété
et faillit lui coûter sa liberté. Le *Mercure* fut sup-
primé et son directeur dut s'estimer heureux de
n'être pas jeté en prison.

La raison et la nécessité s'accordaient pour conseiller à Chateaubriand de se résigner à la prudence,
de ne plus braver le danger, moins encore à cause
de lui qu'à cause de sa femme et de ses amis. Fontanes avait épuisé son crédit à le tirer d'affaire.
Lui-même finissait par devenir suspect, et, boudé par
le maître, il devait, en 1809, toucher à la disgrâce.

Pour Mme de Chateaubriand, son mari devait se
faire d'autant plus de scrupule de l'associer à ses
mésaventures de royaliste militant qu'elles frap-
paient en elle une bonapartiste convaincue, des plus
sceptiques à l'endroit des vertus et des miracles de
la monarchie. « Elle admirait, dit-il, Bonaparte sans
restriction; elle ne se faisait aucune illusion sur la
légitimité; elle me prédisait sans cesse ce qui m'ar-
riverait au retour des Bourbons. »

Ce repos qu'il lui devait et se devait à lui-même,
Chateaubriand le trouva dans la maison de campagne
dont il fit l'acquisition aux environs de Sceaux. Il
acheta en 1807 la Vallée-aux-Loups [1]. Il s'établit,

---

1. Cette maison de jardinier, ce rustique et modeste ermi-
tage coûtèrent, contrat en mains, dit Joubert, 30 000 fr. à Chateaubriand, qui y dépensa au moins autant en embellisse-
ments, pris, comme l'acquisition, sur la petite fortune que lui
avait procurée le succès de ses œuvres. Rien de plus cher à
entretenir que ces maisons des champs, simples grisettes

avec une modestie qui avait sa coquetterie, dans cette retraite champêtre où il fuyait les regards du monde sans leur défendre de l'y suivre, où il feignait de vouloir être oublié, et eût été sans doute très malheureux qu'on l'oubliât.

C'est à la Vallée-aux-Loups que Chateaubriand écrivit les *Martyrs*, l'*Itinéraire*, le *Dernier des Abencérages*, et qu'il commença de rédiger ses *Mémoires*.

A la fin de 1809 parurent les *Martyrs*, l'ouvrage le plus travaillé, le plus corrigé, et aussi le plus savant comme langue et le plus parfait comme style de Chateaubriand. Le succès pourtant fut disputé et loin d'être égal à l'effort ni au mérite. La critique se montra hostile. Le public, qui reçoit l'opinion plus qu'il ne la fait et n'aime pas les sujets sérieux, demeura indécis. La disgrâce de l'auteur et les victoires de l'empereur firent du tort à l'ouvrage. Hoffmann, du *Journal des Débats*, se signala par des épigrammes dont quelques-unes sont encore piquantes. Fontanes, toujours fidèle à l'amitié et au goût, prit la défense de l'ouvrage et consola l'auteur en lui prédisant en beaux vers la fin prochaine d'une passagère injustice, le retour de la faveur publique

---

qui ne demandent rien qu'un peu d'eau, un peu d'ombrage, des fleurs et des fruits, et qui coûtent autant qu'une danseuse de l'Opéra. La Vallée-aux-Loups, acquise en 1816 par le duc Mathieu de Montmorency, pour la somme de 50 000 francs, appartient encore à son héritier, M. le duc de La Rochefoucauld-Doudeauville. Elle a été mise en vente, en juillet 1889, sur une mise à prix de 250 000 francs et est demeurée à son propriétaire.

et la consécration réparatrice de l'impartial avenir.

La publication des *Martyrs* coïncida avec un événement funeste dont Chateaubriand rejette toute la faute sur le tyran, mais où il garde une certaine part de responsabilité. Le chevalier Armand de Chateaubriand avait été arrêté non pas comme émigré, mais comme un des agents de la correspondance entretenue par les princes, entre Jersey et les fidèles des côtes de l'Ouest. Il avait été condamné à mort avec six co-accusés par la commission militaire présidée par le général de Bazancourt, l'un des juges du duc d'Enghien [1]. Chateaubriand écrivit à l'empereur pour lui demander la grâce de son cousin. Mais il fallait la demander de façon à l'obtenir. « Il y avait dans ma lettre, avoue Chateaubriand, quelques mots qui blessèrent Napoléon. J'avais oublié qu'il ne faut être fier que pour soi. » Oubli fatal, puisque Armand de Chateaubriand fut fusillé dans la plaine de Grenelle. Sa fin tragique laissa à son illustre cousin un de ces regrets où il entre un peu de remords. Il puisa dans ce nouveau grief un nouveau motif de haine et d'impatience de vengeance. Les fautes qu'on pardonne le moins aux autres, ce sont les siennes.

Faut-il croire que cette trop légitime *vendetta* n'empêcha point Napoléon, peu de mois plus tard, de céder à la fantaisie de visiter *incognito* avec Duroc non l'auteur des *Mémoires*, mais sa résidence, d'où il était absent à ce moment? N'y eut-il là qu'une

1. Voir sur cette affaire *Histoire générale des Émigrés*, par H. Forneron, t. III, p. 620.

curiosité indifférente ou maligne, ou une intention plus politique de réparation, d'avance ou d'hommage ? Le fait vaudrait la peine d'être apprécié, s'il était avéré ; mais il n'est rien moins que certain [1].

Le succès de l'*Itinéraire* (1811) fut aussi facile, aussi complet que celui des *Martyrs* avait été disputé et traversé. Le public subit du premier coup le charme de l'ouvrage, sans être contrarié dans son élan par la critique, soit qu'elle eût été séduite aussi, soit qu'une nouvelle cabale ne fût pas assurée de la même approbation en haut lieu.

C'est à ce moment que la mort de Joseph Chénier (10 janvier 1811) inspira aux amis de Chateaubriand l'idée, qu'il qualifie un peu hyperboliquement de fatale, de lui conseiller de briguer sa succession à l'Institut. Chateaubriand se montrait plein d'hésitations, de scrupules, d'objections. Il prétendait qu'au lieu de s'assurer le repos, il ranimerait contre lui les persécutions. « Ils furent bientôt obligés, déclarat-il, de reconnaître la vérité de mes paroles. » Et il ajoute : « Il est vrai qu'ils n'avaient pas prévu la témérité de mon discours ». L'aveu est significatif.

L'affaire de l'élection ne souffrit de difficulté de

1. Il n'a pour garant que le récit de Mme de Chateaubriand dans son journal, et comme elle était absente, ce récit ne repose — et ce n'est pas assez — que sur le témoignage de son jardinier, que son caractère un peu hâbleur et quelques détails comme la branche de laurier fichée en terre, hommage bien imprévu de la part de Napoléon, nous rendent fort suspect. On trouve cette douteuse anecdote dans l'intéressant ouvrage : *Mme de Chateaubriand, d'après ses Mémoires et sa Correspondance*, par M. l'abbé Pailhès, p. 35.

personne, pas même de l'empereur, encore moins de
l'Académie. Ce choix, qui l'honorait, la délivrait
aussi d'un grand embarras. L'empereur trouvait
juste qu'un homme du talent et de la renommée de
Chateaubriand ne manquât point plus longtemps à
la gloire de l'Institut, et il trouvait habile de ne pas
s'opposer, dans cette circonstance, à ce qui était
juste. En cédant d'ailleurs il offrait à l'Institut les
moyens de sortir de l'impasse où il s'était mis pour
lui plaire, à propos de l'institution des prix décennaux et de la désignation des lauréats.

Il était impossible à l'Institut, à cause de ses opinions politiques, mais surtout à cause de ses opinions philosophiques, de couronner le *Génie du
Christianisme*; il ne lui était pas moins impossible
de s'exposer, en le repoussant, à faire acte d'injustice, de mauvais goût ou de servilité. Pour ne
mécontenter ni le pouvoir, ni le génie, l'Institut
avait pris le parti qui avait le moins d'inconvénients : celui du silence.

Mais l'empereur ne l'entendait pas ainsi. Il se
donna le malin plaisir d'exiger un jugement. C'était
difficile, l'accord ne s'établissant pas entre les juges,
les uns partisans, les autres adversaires de l'ouvrage, et chacun gardant ses positions. Une tran-
saction intervint pourtant dont le résultat fut une
sorte d'arrêt de fin de non-recevoir. L'ouvrage, ne
rentrant pas dans les conditions du concours, en fut
écarté honorablement avec des éloges mêlés de
réserves.

Pour dédommager l'Académie et dédommager l'auteur du déplaisir de cette solution équivoque, Napoléon se montra bon prince sur l'article de l'élection. Chateaubriand fut élu le 20 février 1811, quarante jours après la mort de Chénier, à la presque unanimité sur 25 membres présents. L'empereur approuva ce choix. Il dit en souriant : « Vous prenez l'homme à défaut du livre ».

A ce moment, il n'était certainement pas mal disposé pour Chateaubriand; il songeait à le rallier; il projetait pour lui une direction générale des bibliothèques de l'Empire. Vint l'affaire du discours de réception, qui pouvait tout arranger et qui gâta tout.

On peut en juger par le texte que Chateaubriand donne dans ses *Mémoires*. Ce n'était pas du tout le gâteau de miel attendu. L'empereur rendit le manuscrit, dont il avait exigé la communication, avec des ratures et des froissements qui témoignaient de sa désapprobation et de son mécontentement. Il chanta pouille à Daru, qui n'en pouvait mais, et le chargea de chapitrer l'auteur et de l'amener à résipiscence. La négociation ne pouvait qu'échouer, Chateaubriand n'étant ni d'un esprit ni d'un caractère à céder. Il ne corrigea pas son discours, préférant n'être pas reçu, paya son indépendance d'une disgrâce cette fois complète et irrémédiable, et brisa cette plume qu'il ne voulait pas prostituer [1].

1. Toute cette affaire des prix décennaux, de l'élection de Chateaubriand, de son discours, est fort bien exposée, d'après les archives de l'Académie française, par M. Villemain. Le

Invité par le ministère de la police à s'éloigner de Paris, il alla se reposer à Dieppe, au bord de la mer, des agitations du passé, des dégoûts du présent, et s'y retremper pour les luttes réparatrices et vengeresses de l'avenir.

De 1811 à 1813, tantôt recueilli dans la solitude de sa chère Vallée-aux-Loups, tantôt traversant à Paris ces salons disgraciés où des amis clairvoyants épiaient les signes précurseurs des changements décisifs, il attendait avec eux les événements, partagé comme eux entre ses espérances politiques et ses patriotiques craintes. Il attendait la chute de l'Empire, en y contribuant de son mieux par l'exemple de la haine et la propagande du mépris. Ces oppositions sourdes et ces hostilités muettes rongent et minent à la longue, comme l'eau ronge et mine le rocher, les régimes en apparence les plus solides. En dépit des lauriers sanglants et des acclamations mercenaires, le silence de certaines voix et l'absence de certains hommes finissent par leur porter malheur. Déjà d'ailleurs la prospérité napoléonienne, de l'apogée était passée au déclin; et la fortune impériale de triomphante était redevenue militante.

Dans l'hiver de 1813-1814, Chateaubriand prit un appartement rue de Rivoli, en face de cette grille du jardin des Tuileries devant laquelle il avait entendu

discours ne fut pas prononcé, mais il paraît avoir été imprimé, divulgué en tout cas et connu. Stendhal le lut au moment et le critique vivement.

crier la mort du duc d'Enghien. Il s'agissait de faire imprimer un pamphlet, dicté par l'indignation et l'espérance, qui a au plus haut degré les qualités et les défauts du genre, mais que le sujet, le talent et l'événement ont rendu historique comme la révolution sur laquelle il eut une si décisive influence.

Ce n'est pas du point de vue serein de l'histoire qu'il faut apprécier cet écrit enflammé des haines et des amours du moment : *De Bonaparte et des Bourbons*. Ce n'était pas là de l'histoire. Mais ce n'est pas avec de l'histoire qu'on fait les révolutions. Il faut pour ces *sursum corda* de l'opinion, pour ces brusques réveils de l'indolence populaire, ces satires, ces pamphlets à l'aile rapide, aux aiguillons empoisonnés, ces livres courts, violents, brutaux, propageant la contagion des colères décisives, livres sans équité et sans mesure comme la tyrannie qu'ils combattent, plus jaloux de frapper fort que de frapper juste : livres qui, venant à leur moment, empruntent à la fureur d'une nation vaincue et humiliée une force irrésistible que n'aurait pas sa conscience, et en quelques heures achèvent une défaite et consomment une déchéance.

Les malédictions éloquentes de la brochure fameuse firent plus pour la Restauration qu'une armée, de l'aveu même de Louis XVIII. Elle parut le 30 mars 1814, fort à propos pour la cause qu'elle cherchait à faire triompher, et en faveur de laquelle elle fit pencher la balance indécise. L'effet de l'ouvrage fut immense. Napoléon, qui le lut, à Fontainebleau, ne s'y trompa point. Il le jugea avec l'impartialité d'un joueur de génie qui sent la partie perdue et trouve un dernier plaisir à discuter les coups qui lui sont portés. Il ne s'étonna point d'être attaqué dans sa défaite par celui qui lui avait résisté dans sa puissance, et il s'indigna moins de cette haine méritée que de l'affront de certaines ingratitudes. Le pamphlet frappait au défaut de la cuirasse ce régime fondé sur la gloire, et qui ne pouvait vivre que par la gloire, ce régime fondé sur la victoire et qui ne pouvait résister à la défaite, dans un pays fier, d'autant plus sensible à la honte, où jamais un gouvernement n'a été impunément malheureux, surtout quand il l'a été par sa faute.

Il ne donnait pas seulement une voix aux justes griefs de la nation, aux douleurs et aux colères de la patrie violée par l'étranger. Il imprimait aussi une direction à l'opinion, en quête d'une solution du problème de l'existence du pays mutilé, à la recherche anxieuse d'un asile où il pût panser ses blessures. Cet asile, Chateaubriand, sans faux enthousiasme, mais avec toute l'autorité de la raison et de la nécessité, le montrait dans la monarchie légitime. « L'abri a-t-il dit depuis, me paraissait être dans l'autorité, modifiée selon les temps, sous laquelle nos aïeux avaient vécu pendant huit siècles ; quand, dans l'orage, on ne trouve à sa portée qu'un vieil édifice, tout en ruines qu'il est, on s'y retire. »

CHAPITRE V

AMBASSADES ET MINISTÈRE
1814-1827

Chateaubriand, en 1814, ne rendit pas seulement à sa cause le service de présenter à la France la monarchie comme seule capable de guérir les blessures de l'Empire; il lui rendit celui, plus grand encore, de lui présenter le monarque, qu'elle ne connaissait pas, sous son aspect le plus favorable et dans une image assez flattée pour devenir populaire. C'était un tour de force, d'autant plus méritoire qu'il n'était pas sans sacrifice, le peintre et le modèle n'étant attirés l'un vers l'autre par aucune sympathie. Chateaubriand céda d'ailleurs à une influence plus douce que celle de la politique, « lorsqu'il accepta le sort qui lui avait été jeté ». Il s'agissait d'idéaliser « avec l'aide des Muses », de glorifier, de tourner à l'apothéose, de façon à émouvoir les hommes et à attendrir les femmes, ce retour pédestre et bourgeois d'un roi en habit bleu, à guêtres de velours rouge, en cheveux blancs, « invalide du temps, non de la guerre, de ce patriarche goutteux de la royauté » appuyé sur le bras de sa nièce, la duchesse d'Angoulême, à qui son chapeau de paille, ses voiles verts, son air de mélancolie et de pudeur effarouchée, donnaient presque l'allure d'une héroïne de roman anglais, rappelant Paméla plus qu'Antigone.

Si Chateaubriand, en dépit des apparences, n'éprouvait pas de faible pour ce roi de l'émigration devenu le roi de la Charte, cette antipathie était réciproque. Il ne fut traité, pendant la première Restauration, ni selon ses mérites ni selon ses services, par un prince spirituel et sceptique, qui n'aimait pas les supériorités d'intelligence et les indépendances de caractère de serviteurs incapables du rôle de courtisans. Le roi préférait les zèles subalternes mais commodes, aux dévouements héroïques mais importuns, les conseillers qui lui devaient tout, comme un Blacas ou un Decazes, aux conseillers à qui il devait beaucoup, comme un Richelieu ou un Chateaubriand. Ce n'est pas que la nécessité ne fasse faire bien des choses, même aux rois. Louis XVIII, qui savait tenir compte de la nécessité et se résignait même aux expédients, devait finir par prendre comme ministre Chateaubriand, comme il avait pris avant lui Talleyrand et Fouché, sans goût à coup sûr, mais on peut, avec de l'esprit, se dédommager et se venger de tout.

Mais en 1814, pendant cette première Restauration pour laquelle il avait tout fait, qui fit si peu pour lui, et dont il a tracé, dans ses *Mémoires*, un tableau presque satirique, presque caricatural de serviteur mécontent et d'observateur désabusé, Chateaubriand n'obtint, et trop tard pour en prendre possession, que la légation de Suède, qui offrait le double avantage de le récompenser et de l'éloigner.

S'il reçut à temps pour accompagner dans leur déroute et rejoindre dans leur asile la royauté et sa fortune, l'avis fort opportun d'un départ furtif, il le dut à la même sollicitude vigilante et efficace qui avait obtenu pour lui la légation de Suède, qui allait encore à Gand lui ménager, à défaut des faveurs du triomphe, celles de l'exil.

C'est à ce moment qu'il rencontra fort à propos le dévouement tranquille et doux de la belle et bonne duchesse de Lévis, qui avait dans l'amitié le sourire de la vertu, et le dévouement inquiet, agité, orageux comme son imagination et son cœur, mais capable de tous les courages, même de celui de braver le ridicule, de toutes les délicatesses, même de celle de nier le sacrifice, de la duchesse de Duras.

Cette fille du conventionnel Kersaint, mort aussi victime de ses illusions généreuses, cette femme du premier gentilhomme de la chambre, compagnon d'émigration et serviteur intime de Louis XVIII, le plus près à ce moment, avec le duc de Blacas, de sa confidence et de sa confiance, avait voué à Chateaubriand, par enthousiasme d'esprit, par besoin de cœur, une de ces amitiés passionnées où il n'entre

7

pas toujours de l'amour de la part de l'homme, où il
en entre toujours plus ou moins de la part de la
femme. Mme de Duras était une sorte de Mme de
Staël plus laide que l'autre, d'un turban moins haut,
d'un ton moins oraculaire, sans génie, mais non sans
talent, qui se fatigua l'esprit et se dévora le cœur
à servir la cause de son ami, qu'elle ne séparait pas
de celle de sa foi royaliste et catholique, et se consola des déceptions de sa vie par l'amour maternel,
le gouvernement d'un salon influent et le succès,
plus mondain encore que littéraire, de romans plus
touchants qu'originaux.

Chateaubriand n'a pu se dispenser de reconnaître les services de Mme de Duras, et même de
faire réparation à sa mémoire par une sorte d'hommage expiatoire qu'on trouve dans ses *Mémoires*.
C'est à cette occasion qu'il lui échappe cet aveu
d'un si naïf et si fin égoïsme : « Un homme vous
protège par ce qu'il vaut; une femme par ce que vous
valez : voilà pourquoi de ces deux empires, l'un est
si odieux, l'autre si doux. » C'est à cette occasion
aussi qu'en rappelant « cette vive et forte amitié qui
remplissait alors son cœur » et les services qu'il en
reçut, il ajoute qu'une telle amie « lui avait donné le
droit de l'appeler sa sœur ». Voilà un de ces compliments décevants qui font sourire en public et
pleurer en secret celles à qui on l'adresse.

Parti dans une mauvaise calèche de hasard sur les
traces du roi fugitif, accompagné de Mme de Chateaubriand, le serviteur mécontent et fidèle, demeuré

revêtu par devoir et par nécessité de « cette casaque
de hérault de la légitimité » qui lui avait valu plus
d'honneur que d'honneurs, retrouva à Tournai son
ami M. Bertin, un de ces grands journalistes d'au-
trefois, dont le talent était surtout fait d'habileté et
de flair, et consistait plus à inspirer de bons articles
qu'à les écrire. A Bruxelles, un ordre du roi, qui
n'était plus assez heureux pour être ingrat, l'appela
à Gand, dans cette capitale de l'exil, pour laquelle,
Louis XVIII le remarquait plus tard avec un sourire
sceptique, on était parti à cent le jour de la fuite sauf
à se retrouver dix mille au retour. En ce moment,
un collaborateur comme Chateaubriand était plus
utile que gênant, et pour sa bienvenue il reçut le
titre de ministre de l'intérieur, par *intérim* de l'abbé
de Montesquiou parti pour Londres, et il prit au
sérieux ces fonctions, en dépit de leur air ironique
de sinécure.

Le ministre intérimaire donna à cette ombre de
gouvernement une apparence de vie en présentant
un *Rapport au roi sur l'état de la France au 12 mai
1815*, qui empruntait à son auteur et recevait de son
talent une importance que n'ont pas d'ordinaire
ces pièces de circonstance.

Chateaubriand, qui avait été à la peine pendant
l'exil, ne fut pas des favorisés du retour, toujours
par la faute de sa hauteur d'esprit et de son indépendance de caractère. Il manquait, au suprême
degré, de souplesse et, comme on dit aujourd'hui,
d'élasticité dans l'humeur et dans la conscience. Il

ne savait pas demander, attendant qu'on lui offrît. Il
n'aimait point passer par la porte basse, fût-ce celle
de l'occasion. Il voyait les choses en grand et les
hommes en petit. Il trouvait plaisir à marcher rude-
ment, avec la brutalité des maladresses voulues, sur
les toiles de ces intrigues subtilement ourdies et
entre-croisées par Talleyrand et Fouché, qui se disputaient l'influence prépondérante, et la disputaient
aux favoris. Il prit parti contre Fouché. Il résista aux
avances de Talleyrand et à ses caresses, et refusa,
par un scrupule de générosité bête, dit-il, de profiter, pour l'évincer, d'une passagère disgrâce,
comme il manqua, par suite des mêmes excès de
délicatesse, la succession de M. de Blacas, qu'il avait
contribué à faire éloigner. Bref, il manœuvra de telle
sorte qu'il ne rentra en France ni ministre, ni près
de l'être, méprisant ou haïssant ceux qui l'étaient, et
se vengeant de cette politique d'intrigues, de combinaisons, de marchés, qui n'avait rien de chevaleresque, en disant au roi, à la vue de Talleyrand boi-
tant au bras de Fouché : « Je crois la monarchie
finie ». Boutade confirmée à son grand étonnement
par l'aveu conforme de son auguste interlocuteur. « Je le crois comme vous », aurait répondu
Louis XVIII, s'il faut en croire les *Mémoires*.

Inscrit sur la liste de la pairie reconstituée,
Chateaubriand siégea au bureau de la haute assem-
blée, ayant reçu de sa confiance le mandat de secrétaire pour la session de 1816.

Pendant ces premières années de sa vie parle-

mentaire et politique, Chateaubriand, un peu
entraîné par les ardeurs de cette majorité de 1815
qu'il ne pouvait prétendre diriger qu'à la condition
de paraître la suivre, professa et pratiqua tour à tour
un royalisme militant et un royalisme libéral, partagé entre l'exaltation de ses passions et la modération de ses idées, et s'associant parfois aux violences
de ces ultras dont il n'avait point les préjugés.

Cependant Talleyrand et Fouché, l'un portant
l'autre, n'avaient pas tardé à tomber l'un sur l'autre,
trébuchant contre les obstacles d'une impopularité
plus forte que toutes les habiletés, et même que
toutes les utilités. Le cabinet Richelieu, dirigé par
l'honnête homme qui devait se vouer sans profit
pour son repos ou sa fortune, mais non sans profit
pour la France, à la grande œuvre de la libération
du territoire, ne donnait prise ni aux mêmes
reproches ni aux mêmes mépris. M. Decazes, malgré
son talent et ses intentions, était plus vulnérable.
Chateaubriand le prit pour cible de ses attaques et
fit de sa chute l'objectif de la campagne de tribune
et de presse où il donnait pour gages aux exaltés ses
discours contre l'inamovibilité judiciaire, sur la com-
mémoration du 21 janvier et la lettre testamentaire
de Marie-Antoinette, son silence dans le procès du
maréchal Ney, abandonné au sort aveugle des rancunes et des représailles, et où il se plaçait à la tête
des partisans du droit constitutionnel et du régime
parlementaire par son ouvrage justement célèbre de
la Monarchie selon la Charte.

Dans ce même catéchisme constitutionnel, image trop fidèle des contradictions de l'auteur, il servait à la fois les idées libérales et les passions réactionnaires en commentant la Charte dans l'esprit le plus large et le plus hardi, et en protestant, dans les termes les plus énergiques et les plus agressifs, contre l'ordonnance du 5 septembre 1816, qui dissolvait la Chambre dite *Introuvable*.

Poursuivi, atteint dans son amour-propre et ses intérêts par une saisie contre laquelle il fit énergiquement opposition et dont une ordonnance de non-lieu reconnut l'illégalité, rayé, par une disgrâce éclatante, de la liste des ministres d'État, privé de la pension afférente à ce titre, et qui était à peu près son unique ressource, redevenu simple pair à pied ou à fiacre, Chateaubriand fit intrépidement face à l'adversité qu'il avait provoquée. Il vendit ses livres, ne gardant que son Homère. Il ouvrit chez Denis, notaire, une souscription à 1 000 francs le billet, loterie dont l'enjeu était sa chère maison de la Vallée-aux-Loups, et il apprit à ses dépens que les partis ont leur ingratitude comme les rois. Quatre billets seulement furent pris sur 90. La Vallée-aux-Loups, mise aux enchères, fut achetée 50 000 francs par le vicomte de Montmorency. Rude épreuve, qui ne devait pas être la dernière, d'un dévouement trop indépendant pour n'être pas plus souvent puni que récompensé.

Devenu un des chefs de l'opposition dynastique, Chateaubriand contracta une alliance étroite, intime,

avec MM. de Montmorency, de Fitz-James, de
Vitrolles, et surtout MM. de Villèle et Corbière, qui
depuis..., mais alors ils étaient ses amis. Il fonda
avec eux le recueil périodique *le Conservateur*, auquel
sa collaboration et ses appuis assurèrent bientôt une
grande influence. Plusieurs de ses articles, notamment celui sur les intérêts matériels et les *intérêts
moraux* du pays (formule dont on a un peu abusé
depuis), sont demeurés célèbres. Chateaubriand y
manifesta son talent d'écrivain sous une nouvelle
forme, qui mêlait puissamment l'éloquence et
l'ironie, et y déploya, au grand bénéfice de la cause
des *tories* français, au grand dommage de ses adversaires, les plus brillantes et les plus redoutables
qualités du polémiste.

On ne tarda pas à voir qu'un tel ennemi n'était
pas à dédaigner quand un événement aussi imprévu
que tragique fournit aux adversaires de M. Decazes,
que la faveur du roi rendait impopulaire, une plate-
forme de combat autrement propice pour les arti-
fices de la haine que les modifications projetées à la
loi électorale. Le 13 février 1820, le duc de Berry
fut assassiné, et profitant, abusant plutôt de l'émotion causée par cet événement sinistre, les ennemis
de M. Decazes ne reculèrent devant aucun des
moyens de la guerre politique, la plus féroce de
toutes, afin de faire retomber sur le ministre une
écrasante part de responsabilité, et, suivant le mot
terrible de Chateaubriand, « de le faire glisser dans
le sang » de la catastrophe.

Le ministre n'eut pas trop de peine à se défendre contre la demande de mise en accusation, sous prétexte de *complicité morale*, formulée devant la Chambre par M. Clausel de Coussergues [1], l'enfant terrible, en cette affaire, du parti décidé à tout pour amener sa chute [2].

Ces accusations plus insultantes que dangereuses eurent pour elles d'être secondées par le comte d'Artois et la duchesse d'Angoulême. Ils vinrent en grand appareil de deuil demander le renvoi de M. Decazes au roi, qui l'eût refusé peut-être à la haine, qui ne put le refuser à la douleur. Le ministre tomba, victime des circonstances et non de ses fautes; mais ceux qui avaient le plus contribué à la victoire, l'auteur de l'acte d'accusation et l'auteur du mot plus connu et peut-être plus décisif que le réquisitoire du fougueux député, mot que la conscience et le regret de son injustice ont fait effacer plus tard de l'édition définitive de ses œuvres, ne profitèrent pas de cette victoire.

1. Voir sur Clausel de Coussergues, sa vie et ses rapports avec M. et Mme de Chateaubriand l'ouvrage de M. l'abbé G. Pailhès : *Mme de Chateaubriand, lettres inédites à M. Clausel de Coussergues*, 1888, p. 38 et suiv.

2. Sur toute cette affaire et sur la campagne du *Conservateur*, on trouve des détails précieux et autorisés dans le récit de M. Villemain, témoin des événements et confident de M. Decazes, et quelques traits curieux, noyés dans un fatras d'insinuations sans preuves, dans les *Mémoires* où le baron de Vitrolles va jusqu'à refuser à Chateaubriand non seulement la sincérité, la dignité, la probité, mais même le talent, ce qui suffit à juger ces pages, d'un dénigrement systématique. de ces *Mémoires* qui, sur ce point, ne sont qu'un pamphlet.

Pendant que M. Decazes recevait la compensa-
tion de l'ambassade de Londres, Chateaubriand
demeura dans les avenues du pouvoir, sans y accé-
der, et consacra ses loisirs à écrire ses *Mémoires sur
la vie du duc de Berry*. C'est un ouvrage intéressant
malgré les complaisances et les lacunes inévitables
dans un livre d'historiographe plus que d'historien.
Les événements y sont *romancés* avec art, et l'auteur
y trace avec bonheur, quoiqu'en l'idéalisant un peu,
le portrait du seul prince de la maison royale qui
eût un tempérament et un caractère de soldat. Le
livre eut le succès qu'il devait avoir, et la duchesse
de Berry voulut qu'il fût placé, avec ses cheveux,
dans la tombe de son mari.

Ce ne fut qu'après la première session de 1820
que le duc de Richelieu, pour conjurer les embarras
croissants de son second ministère, se décida à le
renforcer par le concours de Chateaubriand et de
ses amis. Négociateur actif de la combinaison par
suite de laquelle MM. Lainé, de Villèle et Corbière
entrèrent dans le cabinet, Chateaubriand se contenta
de la légation de Berlin.

Chateaubriand arriva à Berlin, avec l'esprit et
l'impatience du retour, dans les dispositions mélancoliques de l'ambition déçue et de la passion mécontente. Car sa liaison avec Mme Récamier, qui devait
peu à peu se calmer, se pacifier, se discipliner, se
macérer dans les renoncements de la raison et les
tiédeurs de l'habitude, traversait encore la période
fiévreuse des débuts.

Ces débuts de la liaison qui devait être le dernier port de Chateaubriand après tant de tempêtes, remontent à l'année 1817. C'est auprès du lit de douleur et bientôt d'agonie de Mme de Staël qu'ils se rencontrèrent et qu'une mutuelle émotion scella l'attrait, longtemps latent, et dès ce jour triomphant, qui devait les lier l'un à l'autre d'un joug impérieux et doux. Dès 1818, à son retour d'Aix-la-Chapelle, Mme Récamier compta, non sans orgueil, Chateaubriand parmi ses visiteurs les plus assidus. « Il eut bientôt conquis, dit son historiographe intime, à la main gantée de velours, la première place dans le cœur ou tout au moins dans l'imagination de Mme Récamier. Les amis plus anciens, plus dévoués, plus désintéressés, comme M. de Montmorency et M. Ballanche, ne virent pas sans ombrage l'ascendant d'une affection dont la prudente amitié de Mathieu redoutait les orages et les inégalités [1]. » Habile à louvoyer au milieu des écueils, Mme Récamier sut toujours garder l'équilibre et le maintenir entre ses amis, en leur paraissant les préférer tour à tour, tout en gardant la réalité de cette préférence à un homme incapable de supporter l'affront d'une rivalité.

A la fin d'avril 1821, le ministre de France à Berlin donna sa démission et suivit dans leur retraite les deux ministres dont il avait, six mois auparavant, facilité l'avènement. Le duc de Riche-

---

1. *Souvenirs et Correspondance tirés des papiers de Mme Récamier.* t. I, p. 306-319.

lieu ne tarda pas à saisir lui-même, avec l'empres-
sement de la lassitude et du dégoût, l'occasion d'une
phrase équivoque de l'Adresse adoptée de concert
par des opinions différentes, pour quitter le pouvoir
et céder la place à la coalition. Cette fois encore,
Chateaubriand ne put donner tout son vol à son
ambition. Le portefeuille des affaires étrangères,
qu'il convoitait dans le cabinet nouveau, où ses amis
Villèle et Corbière rentraient, l'un avec le titre de
ministre des finances, l'autre avec celui de ministre
de l'intérieur, fut dévolu au vicomte de Montmorency.
L'ambassade de Londres, la plus importante de
toutes, était le poste d'attente des aspirants au ministère, le poste de consolation des ministres tombés.
Chateaubriand, qui ne pouvait le considérer que
sous les couleurs de l'espérance, accepta sans trop
de regret d'y remplacer M. Decazes.

A Londres, le nouvel ambassadeur s'occupa, en
observateur impatient d'une bonne occasion pour la
France et pour lui, des affaires de l'Europe. Il a
exposé le détail de ses réflexions et de ses vues dans
ses *Mémoires* et avant eux dans son livre sur le *Congrès de Vérone*. Nous nous bornerons à rappeler
deux petits épisodes de sa vie intime qui nous le
montrent aux prises avec l'émotion à la fois déli-
cieuse et douloureuse de deux visites, l'une faite,
l'autre reçue, qui ravivaient par de piquants contrastes ses plus chers ou ses plus cruels souvenirs
du séjour antérieur.

La visite qu'il reçut fut celle de Charlotte Ives,

devenue lady Sulton, veuve de l'amiral de ce nom.
Il ne put revoir, sans l'attendrissement du souvenir
et du regret du passé, l'héroïne du court roman de
Bungay venant lui recommander son fils.

Une visite aussi émouvante, mais moins pénible,
fut celle que l'ambassadeur du roi de France fit, en
qualité d'invité d'honneur, au banquet annuel et tradi-
tionnel du *Literary-Fund*, Société du fonds de secours
des gens de lettres. C'était dans cette même ville de
Londres, où il avait été malheureux jusqu'à connaître cette extrémité de la misère qui s'appelle la
faim, où le désespoir avait failli le pousser au suicide, où il avait vécu pourtant d'un travail plus noble
et d'un salaire moins humble que celui du duc d'Ai-
guillon, réduit, à Londres aussi, à copier de la mu-
sique à un shilling la feuille. Dans cette même ville
de Londres, vingt-deux ans plus tard, l'ambassadeur, célèbre, puissant, sinon opulent, pouvait
mettre 50 livres dans l'aumônière de quête de ce
Literary-Fund, où il eût été bien heureux, en 1793,
de pouvoir en puiser une. Ce jour-là, il dut goûter
ces joies du contraste et de la revanche qui font toujours trouver agréable le séjour d'une ville où l'on
rentre dans un palais après y avoir habité un grenier, et où l'on revient ambassadeur, quand on l'a
quittée auteur famélique.

Un deuil inconsolable, la perte de son meilleur
ami, M. de Fontanes, assombrit pour l'ambassadeur
ces impressions joyeuses de retour triomphant (1822).
Dans ses conversations sur Chateaubriand homme

politique, Fontanes avait tiré son horoscope en ces
termes : « Je l'attends au ministère, sans le lui
souhaiter pour lui-même. Il y fera quelque chose de
mémorable, et puis il tombera. »

Chateaubriand employa à Londres tous ses efforts
pour réaliser la première partie de cette prédiction,
sans s'inquiéter de la seconde. Quand la révolution
espagnole, après la révolution italienne, posa pour
les puissances coalisées la question de médiation et
d'intervention, au nom de la paix européenne, dont
elles s'étaient donné la garde, Chateaubriand dut
manœuvrer habilement pour faire prévaloir ses vues
entre un ministre des finances, président du Conseil,
disposé à voir dans de tels plans plutôt ce qu'ils
coûteraient que ce qu'ils rapporteraient, et un ministre des affaires étrangères, préoccupé exclusivement du côté politique et religieux d'une intervention,
et n'y cherchant que l'intérêt du trône et de l'autel.
Chateaubriand voyait les choses de plus haut et
aspirait à faire plus grand. A ses yeux, une intervention de la France en Espagne était une occasion
décisive de ranimer par la victoire, dont il ne dou-
tait pas, le prestige de la monarchie à l'intérieur et
le prestige de la nation à l'extérieur.

Désigné non sans peine comme l'un des représentants de la France au congrès de Vérone, Chateaubriand, dans l'intérêt de ses projets généreux autant
qu'ambitieux, se livra à un manège subtil et com-
pliqué, dont il expose en détail les combinaisons,
mais dont nous ne pouvons ici qu'enregistrer le

succès. Le triple résultat de ses habiles manœuvres
devait être pour l'ambassadeur de remplacer, après
la résistance voulue, le ministre des affaires étrangères, de forcer doucement la main au ministre des
finances, et de subjuguer les scrupules et les répu-
gnances du roi jusqu'à lui faire signer un manifeste à la Louis XIV, terminé par un ultimatum bel-
liqueux (23 janvier 1823).

De cet ultimatum sortit la guerre d'intervention
française en Espagne, qu'il ne faut pas juger du
point de vue des idées actuelles, mais en se plaçant à
celui des idées et des intérêts contemporains. Si elle
ne remplit qu'à demi son objet, qui était de faire une
diversion salutaire à l'agitation des partis à l'intérieur, et de raviver le prestige de la monarchie et
de la France, elle obtint du moins ce résultat de
permettre à une politique hardie de fournir la preuve
de l'énergie et de la vitalité du pays, d'étouffer un
foyer révolutionnaire que son voisinage rendait dangereux, d'arracher l'Espagne à la domination de
l'Angleterre.

Cette guerre enfin eut le mérite d'être courte, peu
onéreuse et peu sanglante. Il est d'autant plus juste
de reconnaître à Chateaubriand l'honneur de ce
succès, qu'il le paya de plus d'une angoisse, qu'il
eut expié un échec par une de ces impopularités qui
touchent à l'infamie, et qu'il n'en recueillit aucun
avantage. Au contraire, on peut dire qu'une prompte
disgrâce en fut l'unique récompense.

La famille royale et la cour, tout entières à l'enivrement de cette campagne heureuse qui mettait au chapeau du placide duc d'Angoulême le plumet victorieux du Trocadero, dont la duchesse d'Angoulême formulait le résultat dans cette exclamation sentimentale : « Il est donc prouvé qu'on peut sauver un roi malheureux! » ne songea guère à savoir gré à l'auteur de la guerre d'Espagne de ces émotions aussi nouvelles que douces. On lui fit sentir que les succès des ministres reviennent de droit aux rois, qui ne leur laissent la responsabilité de l'initiative qu'en cas d'échec. Peut-être ne dissimula-t-il pas assez que ce roi malheureux, qu'il n'estimait et n'aimait pas, méritait ses malheurs.

C'est l'affaire des récompenses, au lendemain de la victoire, qui commença la mésintelligence entre Chateaubriand et le roi, surtout entre Chateaubriand et M. de Villèle. Chateaubriand reçut du roi de Prusse le cordon de l'Aigle noir, du roi de Sardaigne le collier de l'Annonciade, du roi de Portugal la grand-croix de l'ordre du Christ, du roi d'Espagne la Toison d'or, enfin de l'empereur de Russie le grand cordon de l'ordre de Saint-André. Le roi de France, piqué de se voir devancé, fit M. de Villèle chevalier de ses ordres afin de le dédommager de n'avoir pas reçu la plaque de Saint-André, que Chateaubriand demanda au tsar pour le président du Conseil, mais en réclamant, de son côté, pour lui, le cordon bleu. Il l'eut, mais ces petites querelles d'amour-propre indisposèrent le roi et aigrirent les incompatibilités d'esprit, d'humeur et de caractère qui devaient fatalement aboutir à un conflit entre deux hommes aussi dissemblables que M. de Villèle et M. de Chateaubriand.

Ce conflit eut pour cause ou pour prétexte l'attitude soi-disant équivoque, qui en réalité eut surtout le tort d'être trop franche et trop raide, de Chateaubriand dans deux questions où il se trouvait en dissidence avec M. de Villèle, la question du régime électoral ou de la septennalité, la question de la conversion de la rente.

Cette dernière loi rencontra à la Chambre des pairs une opposition assez vive pour entraîner son rejet à 34 voix de majorité, échec que Chateaubriand fut accusé d'avoir favorisé par son silence. Ce silence, qui s'expliquait et se justifiait même par de fort bonnes raisons et qui eût semblé innocent en toute autre circonstance, parut coupable au roi d'une sorte de trahison. Le ministre des affaires étrangères fut révoqué *ab irato* par une ordonnance qui lui fut notifiée à sa visite au palais (6 juin 1824) avec une absence d'égards qui ajoutait la brutalité de la forme à celle du fond [1].

---

1. Nous attendions les explications de M. de Villèle dans ses *Mémoires* récemment publiés. Il s'est dérobé à ce devoir au moyen d'arguties et d'ambiguïtés qui ne témoignent pas d'une bonne cause. Il rejette la faute ou le tort de la forme sur les circonstances, qui déjouèrent tous les désirs de ménagement. Il dissimule son hostilité derrière celle de M. de Corbière et du baron de Damas. Il déclare avoir obéi purement et simplement aux ordres du roi, dont l'état de colère et d'impatience ne permettait pas la moindre objection. Il attribue cette disgrâce foudroyante à une cause mystérieuse,

Dès le lendemain de cette disgrâce, à laquelle
M. de Villèle avait trop d'intérêt pour ne l'avoir pas
fomentée et envenimée, et dans laquelle Chateaubriand ressentit encore plus l'affront du congé que la
perte du pouvoir, le *Journal des Débats* adressait
au ministre victorieux une déclaration de guerre
implacable, au nom d'un ami qui ne retrouvait que
dans l'opposition tous ses moyens, et qui le fit
bien voir. Le *Journal des Débats*, qui avait renversé
le ministère Decazes et le ministère Richelieu, renversa aussi, comme M. Bertin l'en avait loyalement
menacé, le ministère Villèle. Hâtons-nous de dire
qu'il ne le renversa qu'en profitant de ses fautes.
C'en était une, et la plus grande de toutes, que de
se séparer, dans des termes à se donner tous les
torts, d'un collègue qui n'était pas d'un commerce
commode, mais qui apportait à un cabinet la force
d'un grand talent et d'un grand nom. Cette force, il
l'emporta avec lui pour la retourner comme une
arme, contre son ancien ami, devenu son pire ennemi. Abandonné à lui-même, celui-ci sacrifia la
politique de principes à la politique d'intérêts, la
politique de liberté à la politique d'autorité. Il s'était

une révélation ou accusation dont il affecte de ne pas lever
les voiles. Est-ce une allusion à ces insinuations de spécu-
lation et d'agio dont le maréchal Marmont s'est fait insidieu-
sement l'écho, dont M. Villemain et M. de Marcellus ont fait
justice, et qui, tombant sur un homme aussi fier, aussi pauvre
et de ce côté aussi pur que M. de Chateaubriand, sont plus
ridicules encore que malveillantes? (*Mémoires de Villèle*, t. V,
p. 30-42. — Villemain, p. 383.)

8

affranchi des conseils d'un Chateaubriand pour recevoir ceux d'un Polignac. De la loi du droit d'aînesse
à la loi sur le sacrilège, de la loi sur le sacrilège à
la loi sur la presse, dite ironiquement « loi de justice
et d'amour », contre laquelle, sortant de la réserve
traditionnelle, protesta l'Académie française elle-
même, de complaisance en complaisance pour les
ultras, de défi en défi à l'opinion, il arriva en trois
ans à une impopularité telle qu'il suffit pour le faire
tomber, non d'une coalition parlementaire, mais
d'une manifestation de la garde nationale. Le 5 janvier 1828 avait vengé et au delà le 6 juin 1824.

Chateaubriand n'était pas en mauvais termes avec
le roi Charles X. Lors de son avènement, il avait
célébré, dans une de ces brochures dont il avait le
secret : *Le Roi est mort! vive le Roi!* les qualités du
nouveau monarque, et lui avait rendu le service de
le présenter à son avantage à la France dans un
portrait flatté où les côtés chevaleresques de sa physionomie en dissimulaient les côtés frivoles. Charles X
lui en avait su gré et lui avait fait bonne mine au
sacre. Mais le sourire dura peu. En bonne conscience de son métier, le roi ne pouvait faire autrement que d'être ministériel. Et Chateaubriand portait de trop rudes coups à son premier ministre, avec
un talent aiguillonné par le désir de la vengeance,
pour qu'il pût y applaudir. Au contraire il se rendait instinctivement compte que cette opposition
frappait trop fort pour frapper juste, que les coups
vont souvent au delà de leur but, et, en ne visant que

l'homme au portefeuille, blessent parfois l'homme au sceptre. Il aurait donc certainement préféré voir Chateaubriand se consacrer exclusivement à plaider la cause des Grecs ou à préparer l'édition de ses œuvres.

Car il avait conclu, en 1826, avec le libraire Ladvocat, un traité pour la publication de ce Recueil en trente volumes. Ce traité, qui devait assurer l'aisance et le repos à sa vieillesse, ne fut avantageux ni pour l'éditeur, malgré les généreux sacrifices de l'auteur, ni pour ce dernier, et ne profita qu'aux libraires cessionnaires du marché, après la faillite de Ladvocat et la révolution qui en fut la cause.

A la fin de 1827, bien que Chateaubriand fût indiqué par la logique et la nécessité au choix du roi, celui-ci le raya brusquement de la liste ministérielle en tête de laquelle M. de Chabrol l'avait placé. Puis, se ravisant, il songea à lui pour le ministère de l'instruction publique. Chateaubriand refusa, ne voulant rentrer dans le cabinet que par la porte du ministère des affaires étrangères par laquelle il en était sorti. On le calma en mettant à ce poste un ami, M. de la Ferronnays, et en plaçant encore son ami Hyde de Neuville, à la marine. On acheva de le satisfaire en lui offrant l'ambassade de Rome. Il accepta, toujours séduit par ce nom magique.

CHAPITRE VI

RÉVOLUTION ET RETRAITE

L'INFIRMERIE MARIE-THÉRÈSE ET L'ABBAYE-AUX-BOIS
1827-1848

Soit mouvement de dépit, soit calcul de coquetterie, Chateaubriand, plus ennuyé du présent qu'inquiet de l'avenir, se résigna à l'exil, dont il espérait être bientôt rappelé. Certains biographes malicieux ont appelé cette ambassade, dont l'œuvre principale fut la défense des intérêts de la France pendant un conclave, et où l'ambassadeur fut bientôt rejoint par sa femme, une ambassade de pénitence. De toutes les occasions flatteuses pour l'amour-propre d'une femme que lui avaient offertes les missions et le ministère de son mari, celle-ci n'avait été tentée que par ce voyage ou plutôt ce pèlerinage de Rome, par les spectacles qu'il promettait à sa pieuse curiosité, par les faveurs et les appuis qu'il assurait à cette infirmerie de Marie-Thérèse, asile des prêtres invalides, chef-d'œuvre de sa vie de dévouement et de charité.

Pendant que l'ambassadeur tâchait à Rome d'oublier Paris, qu'il se reprenait au goût des beaux-arts, qu'il visitait l'École française, dirigeait des recherches d'antiquités, restaurait le tombeau du Tasse et élevait un monument au Poussin, tout en trouvant encore du loisir pour des visites moins artistiques et des distractions moins littéraires [1], la session de 1828 s'ouvrait sous d'assez heureux auspices, sauf le danger d'un choc et d'un conflit entre deux entêtements proverbiaux : celui de M. Royer-Collard, président de la Chambre, encore raidi par le succès d'une sextuple élection, et celui de Charles X. Le vieux roi, entouré d'un conseil nouveau dont il se défiait, contre lequel il conspirait, dont il souhaitait la chute, regrettant Villèle et désirant Polignac, n'avait garde de se prêter à l'occasion de la démission du comte de La Ferronnays malade, pour replacer dans le cabinet Chateaubriand, à qui fut préféré le plus commode Portalis.

Il partit de Rome le 16 mai sur un congé pris brusquement, et arriva à Paris le 23 plus satisfait de s'y retrouver que d'autres ne l'étaient de l'y voir.

Bientôt il profita de son congé pour aller aux eaux de Cauterets, laissant Mme de Chateaubriand dans

1. Les voiles en ont été soulevés après Sainte-Beuve, par un témoin oculaire, qui parle des faiblesses de son ambassadeur avec la malice, mais aussi de ses qualités, de son culte de l'honneur, de ses prodigalités de grand seigneur de cœur comme de rang avec l'admiration de la jeunesse. (*Ma jeunesse*, 1814-1830 — *Souvenirs*, par M. le comte d'Haussonville, de l'Académie française, 1885, p. 163 à 222.)

son Infirmerie Marie-Thérèse, où la pieuse dame
revenait chargée de reliques, de médailles, d'indul-
gences, de largesses, de promesses, pouvant montrer
sur ses genoux ou à ses pieds, se prélassant sur un
coussin, le vieux *Micetto*, le chat roux, rayé de noir,
favori du pape Léon XII, dont elle avait hérité.

C'est à Cauterets, au milieu de rêves fort éloignés
d'une si menaçante réalité, que son mari apprit la
formation du ministère du 8 août 1829, comprenant
MM. de Polignac, de Bourmont, de la Bourdonnaye,
« Coblentz, Waterloo, 1815, tous nos malheurs et
toutes nos hontes », disait le *Journal des Débats*,
prévoyant déjà, dans ce coup de tête, ne portant
encore que sur les personnes, le coup d'État qui
devait porter sur les choses.

Chateaubriand n'hésita pas à faire à la cause de
la liberté constitutionnelle, exposée au plus grand
danger qu'elle eût jamais couru, un dernier sacrifice,
celui de l'ambassade de Rome, où il se berçait de
l'espoir de finir ses jours, fût-ce dans une cellule à
Saint-Onuphre, se réservant de faire, en ce cas, de sa
maison de Paris un asile de retraite pour les gens
de lettres et les artistes. Ce sacrifice lui fut dou-
loureux. Mais il était nécessaire. Chateaubriand était
celui qui pouvait garder le moins d'illusions sur
M. de Polignac, qu'il avait appris à connaître à ses
dépens : homme naturellement et inconsciemment
fatal, dangereux dans le dévouement plus que dans
la haine, doué de l'imperturbable infatuation de la
médiocrité, augmentée encore par l'exaltation d'une

mysticité qui lui donnait Dieu pour confident et le lui promettait pour complice, allant droit à son but, grâce à cette double œillère, avec la pire des témérités, celle qui non seulement brave le danger, mais même ne le voit pas.

Le prince de Polignac, qui appréciait cependant la valeur du concours d'un homme comme Chateaubriand, et redoutait encore plus l'effet de sa retraite, ne négligea rien pour le retenir. Mais ils ne purent et ne pouvaient s'entendre, l'un jouant au naturel le rôle d'Alceste qui doute de tout, et l'autre celui de Philinte, qui ne doute de rien; celui-ci fermant brusquement sur lui, le sourcil froncé, avec un adieu d'un pessimisme prophétique, la porte que celui-là laissait entr'ouverte avec le sourire de cet optimisme imperturbable, « qui faisait de lui, a dit plus tard Chateaubriand dans ses *Mémoires*, un muet éminemment propre à étrangler un empire ».

Un an plus tard, le muet avait fait son œuvre. On la connaît assez pour qu'il suffise de rappeler les incidents suprêmes de cette politique dénaturée, exaspérée, où chaque parti dépassa son but, où chacun alla au delà de son ambition et de son opinion, où le gouvernement poussa la réaction jusqu'au coup d'État et où l'opposition poussa la résistance jusqu'à la Révolution.

Le jour même où furent signées les ordonnances dictatoriales du 25 juillet, Chateaubriand, qui vivait au fond de son pavillon de la rue d'Enfer dans le laborieux isolement du travail, de la disgrâce et de la pauvreté, peu propice aux relations, aux informations nécessaires, aux prévoyances opportunes et aux interventions décisives, partait pour Dieppe, où il allait rejoindre Mme Récamier.

Lorsqu'il revint à Paris en toute hâte, le 28 juillet, il était déjà trop tard pour prétendre réparer l'irréparable, éviter l'inévitable.

Chateaubriand n'eut donc et ne pouvait avoir à ces événements de Juillet qu' « une part de spectateur », spectateur non indifférent, quoique désintéressé, grâce auquel les principes ne cédèrent pas aux circonstances, le droit à la force des choses et à l'ambition des hommes, sans une protestation aussi éclatante que stérile.

Rencontré près du Louvre, au milieu des traces encore mal effacées de la lutte, par un groupe de jeunes gens, reconnu, salué de son titre glorieux de défenseur de la liberté de la presse, acclamé, porté en triomphe jusqu'aux portes du Luxembourg par cette jeunesse généreuse qui aura toujours le respect des poètes et des vaincus, qui criait : *Vive la Charte !* et ne regimbait pas quand Chateaubriand l'adjurait de crier aussi : *Vive le Roi !* le pair de France tira argument des incidents de cette petite scène d'ovation pour nier devant ses collègues l'imminence du péril révolutionnaire. Il essaya de leur faire considérer le ministère du duc de Mortemart, le retrait des ordonnances et la nomination du duc d'Orléans en qualité de lieutenant général du royaume comme une solution suffisante de la crise, offrant toutes les garanties nécessaires pour le droit, l'ordre et la liberté. Ses protestations, ses adjurations n'eurent et ne pouvaient avoir aucun succès devant l'impatience raisonnée ou intéressée d'une consécration plus sûre des événements. Les assemblées ne sont pas chevaleresques et, toujours surprises par les révolutions, « ont hâte d'y mettre un terme et de les retirer des mains de la foule [1] ». La politique de Chateaubriand ne parut que romanesque à la Chambre des pairs le 30 juillet et le 3 août. Elle ne sembla pas plus pratique au Palais-Royal, où, dans une double entrevue, le duc d'Orléans, appelant à son aide, pour conquérir un ami précieux ou tout au moins pour désarmer un dangereux ennemi, la vertu dans la personne de Marie-Amélie, et l'esprit dans la personne de Mlle Adélaïde, échoua, malgré cette double intervention.

Peu de jours après, Chateaubriand donna sa démission de pair de France, renonça à tout titre et pension et sortit de la vie publique pour rentrer ruiné, mais content d'avoir fait son devoir, dans sa modeste demeure de la rue d'Enfer.

Il consacra les loisirs ou plutôt les travaux de sa retraite à l'achèvement de l'édition de ses *Œuvres*. Il ne se détourna de ce labeur que pour lancer quelques écrits de circonstance que les événements imposaient à une verve réchauffée par la colère. Pendant les dix-huit mois de solitude laborieuse où il animait

1. Villemain.

d'imagination, parait de poésie les notes d'une érudition hâtive à lui fournies par quelques collaborateurs zélés, et où, bénédictin artiste, il pétrissait cette argile d'un pouce magistral, rendant la vie d'une résurrection prodigieuse aux figures du premier et du moyen âge du monde chrétien, il était parfois sollicité à sortir de sa retraite par quelque appel au secours ou quelque bruit de combat. Alors, laissant là ses évocations d'empereurs romains et de conquérants barbares, d'ermites du désert ou de chevaliers, il revenait faire, à travers les buissons de la presse, la guerre de partisan, brûlant contre le régime usurpateur ses dernières cartouches de chouan de l'opposition.

Dans ces suprêmes efforts, animés par la colère plus que par l'espérance, en faveur d'une cause qu'il considérait comme perdue pour longtemps, sinon pour toujours, l'illustre protestataire ne payait pas seulement de son talent, mais de sa personne, c'est-à-dire qu'il ne reculait pas devant les dangers de son zèle et les risques de son dévouement.

S'il refusait les missions secrètes, les concours furtifs, il ne refusait ni les conseils ni les services; s'il ne voulut pas, à son âge et avec sa gloire, prendre part, durant l'été de 1832, à l'expédition de la duchesse de Berry en Vendée, qu'il désapprouvait comme Berryer; s'il ne lui convint pas de s'affubler de la casaque du guerrillero ou de galoper, en chevalier errant, derrière la princesse à l'amazone verte, il n'hésita pas à se faire tour à tour, à ses risques et périls, le mandataire des largesses royales aux victimes du choléra, le défenseur des droits de l'auguste veuve et de l'auguste orphelin, l'avocat devant l'opinion de la prisonnière de Blaye, l'ambassadeur auprès de la famille et de la cour exilées des revendications et des protestations de la mère de Henri V

C'est à propos de l'offrande de 12 000 francs, reçus de la duchesse de Berry à l'intention des victimes du choléra, que Chateaubriand fit connaissance non avec la persécution, mais avec la prison. Et cela sur l'ordre de M. de Montalivet, son ancien admirateur, son ancien collaborateur dans la campagne de coalition royaliste et libérale menée contre le ministère Villèle. Mais au lendemain des révolutions, quand on va en prison, c'est souvent sur l'ordre d'un ancien compagnon d'opposition devenu ministre.

Le préfet de police, M. Gisquet, plus spirituel en cela que son chef, se hâta de réparer de son mieux sa bévue, en donnant au captif l'hospitalité de la chambre d'honneur de son appartement, où il dut attendre pendant près d'un mois, non sans ennui, mais sans dommage pour sa santé ou sa dignité, l'ordonnance de non-lieu qui le rendit libre.

M. et Mme de Chateaubriand, que les hommages de l'opinion flattaient sans les rassurer sur les violences du pouvoir, prirent la résolution de quitter Paris. L'exécution de ce projet était rendue difficile par la plus honorable pauvreté.

C'est à ce moment que le vieux roi Charles X, de

son exil en Autriche, fit parvenir à Chateaubriand
une somme de 20 000 francs à compte sur les deux
années arriérées de sa pension de pair et ministre
d'État qu'il avait refusée de la royauté nouvelle et que
la royauté légitime lui rendait.

Le tribut de l'exil et un prêt de famille ayant
dégagé Chateaubriand de ces soucis subalternes et
pourtant dominants du *res angusta domi*, qui tyranni-
saient et humiliaient sa vie, il partit pour la Suisse,
abjurant toute servitude politique ou littéraire au
point de scandaliser quelques-uns de ces amis trop
difficiles qui veulent qu'on marche toujours accompagné de ses ambitions et de ses haines. Or c'est
précisément une des rares joies, un des rares profits
des lendemains de révolution pour les vaincus
que de pouvoir désarmer, que de pouvoir goûter le
plaisir d'être impartial, que de pouvoir se donner le
luxe de sympathies indépendantes et désintéressées.
Chateaubriand se donna ce plaisir, s'accorda ce luxe.

Affranchi de tous autres devoirs politiques que
ceux du dévouement et de la fidélité, Chateaubriand
pouvait, sans dommage pour la probité sinon pour la
correction de son attitude, céder à l'attrait généreux
qui lui inspirait l'estime de tous les combattants
vaincus, loyaux et désintéressés comme lui, eussent-
ils été et fussent-ils demeurés des adversaires. Il
put serrer la main de Lafayette déçu, recevoir
l'hommage du chansonnier politique qui avait com-
battu la Restauration avec des refrains à l'aile légère
mais au dard piquant, capable de faire de doulou-

reuses et dangereuses blessures. Il put entretenir
une liaison fondée d'un côté sur une admiration
filiale, de l'autre sur une sorte d'affection paternelle
pour un talent et un caractère également purs, nobles
et fiers, avec cet Armand Carrel dont il pleura la
mort, dont il suivit le convoi et dont il entretint la
tombe. Il put renouer avec son compatriote, l'abbé
de Lamennais, de théocrate devenu démocrate, foudroyé par l'Église après en avoir été l'apôtre, empri-
sonné par le pouvoir après avoir été le champion de
l'autorité, des relations fondées sur l'estime pour
son courage, la pitié pour sa disgrâce. Mais surtout
il put déployer sa chevalerie de courtisan du malheur,
de visiteur de l'exil envers toutes les augustes infor-
tunes, toutes les royales déchéances. C'est ainsi
qu'il ne crut manquer à aucun devoir, à aucune con-
venance, en accompagnant Mme Récamier au château d'Arenenberg, et en y répondant par des hommages de courtoisie aux gracieux compliments de la
reine Hortense ou aux témoignages d'admiration de
son fils.

C'est au retour de cette promenade en Suisse et
en Allemagne que la nouvelle de l'arrestation et de
l'incarcération de la duchesse de Berry le rappela à
Paris. Chateaubriand n'eut pas à plaider devant des
magistrats, faute de procès, la cause de la princesse : il la plaida devant l'opinion avec une éloquence
entraînante, une émotion communicative, un succès
qui assura la popularité à l'auteur du *Mémoire sur
la captivité de la duchesse de Berry*.

Impliqué dans les poursuites, sur sa demande, Chateaubriand comparut devant le jury et n'eut besoin que de quelques paroles pour obtenir un verdict favorable de cette juridiction civique qui ne hait point de donner des leçons au pouvoir. Chateaubriand fut acquitté et renonça à la politique militante. Mais il ne put refuser le mandat de confiance dont l'honora sa cliente encore prisonnière.

Il s'agissait d'une négociation délicate pour le succès de laquelle ce n'était pas trop de l'autorité de sa parole et de son nom : porter au roi Charles X et à la Dauphine la déclaration du mariage de la duchesse de Berry avec le comte Lucchesi-Palli, et obtenir d'eux la reconnaissance du fait accompli, sans qu'il en coûtât à la princesse aucun sacrifice, ni celui du titre, ni celui du rang, ni surtout celui de l'autorité maternelle et de l'affection de ses enfants.

Le 14 mai 1833, Chateaubriand partit pour ce qu'il a appelé « la dernière et la plus glorieuse de ses ambassades ».

Il a raconté ce voyage dans des pages de ses *Mémoires* qu'on ne saurait ni analyser, ni résumer. Il faut y lire ce récit plein d'une verve tour à tour ironique et mélancolique. Il rentra à Paris le 6 juin. Il avait assez réussi dans sa mission pour que la duchesse de Berry ne lui permît pas de la considérer comme terminée. Elle l'avait choisi pour l'accompagner dans sa visite au roi et à ses enfants, et, si son voyage était contrarié, pour la suppléer à Prague pendant l'inévitable et difficile

épreuve de la déclaration de majorité du jeune roi
Henri V.

Chateaubriand rentra à jamais mécontent de cette
dernière ambassade, aux fatigues inutiles, aux déceptions décisives.

Ces sentiments d'un serviteur ulcéré éclatent
dans les amertumes de franchise de sa correspondance de 1833 à 1836 avec Mme Récamier [1].

Pour Chateaubriand, désormais l'avenir n'est ni
à l'aristocratie, ni à la monarchie, mais à la démo-
cratie, avec des intermittences d'anarchie et de dic-
tature. Cet avenir n'effraye pas un homme qui a
gardé le goût des belles nouveautés, qui en arrive
à avoir plutôt foi dans les nations que dans les rois,
qui écrivait en 1831 dans sa brochure *la Restauration et la monarchie élective* : « Je suis bourbonien
par honneur, royaliste par raison et par conviction,
républicain par goût et par caractère ».

On le voit, si Chateaubriand avait gardé la religion du passé, il n'en avait pas la superstition. Il
n'insultait pas le couchant, mais il comprenait que
d'autres attendissent l'aurore des jours nouveaux;
et il enviait, parmi les privilèges de leur jeunesse,
aux deux grands poètes dont il avait encouragé les
débuts, consacré, de sa bénédiction, la gloire nais-
sante, l'évolution en vertu de laquelle le chantre de
la colonne et le chantre du sacre, Victor Hugo et

1. Voir les lettres, dont plusieurs inédites, citées par
M. Imbert de Saint-Amand (*les Dernières Années de la
duchesse de Berry*, p. 44 à 147).

Lamartine, allaient de l'empire et de la monarchie à
la Révolution et à la République.

Lorsque, se détournant du monde politique, Chateaubriand considérait le monde littéraire, où il
n'avait pas occupé une moindre place, il éprouvait
les mêmes tristesses. Si, en politique, il ne pouvait
plus que suivre dans un songe prophétique, précé-
dant de peu les deuils de la réalité, les funérailles
de la monarchie traditionnelle et légitime, en littérature, il sentait finir sa propre royauté, menacée
par un art nouveau, par des gloires nouvelles. Le
romantisme le reconnaissait pour son précurseur,
mais il sentait qu'il n'exerçait plus seul l'empire sur
les esprits et les cœurs ; il sentait que le pouvoir
lui échappait, à l'exagération même de certains
hommages. On lui dissimulait sa déchéance à force
de respects. On le traitait en grand aïeul, en ancêtre.
Pas plus dans son école littéraire que dans son parti
politique, il n'était le chef. Il assistait à la division
anticipée de son héritage ; et ses admirateurs et
successeurs n'attendaient pas sa mort pour le relé-
guer dans l'immortalité.

Là aussi, résigné à son sort, non sans révolte
et sans amertume, il préparait laborieusement sa
retraite définitive et soignait ses adieux au monde
avec la coquetterie d'un homme qui n'a plus que des
ambitions posthumes, qui ne s'occupe plus que de
faire un sort à sa mémoire et cherche l'attitude la
plus digne de sa gloire pour s'y fixer et s'y poser à
jamais devant la postérité.

A partir de 1838, Chateaubriand entre dans la période crépusculaire de son existence. Il retombe sous le joug parfois pesant de l'intimité conjugale, sous le joug plus léger d'une plus douce habitude, consacre le reste de ses forces à des travaux qui ont le caractère testamentaire, s'arrangeant pour finir dignement entre le dévouement et l'amitié sa vie, désormais partagée entre l'Infirmerie Marie-Thérèse et l'Abbaye-aux-Bois.

Nous avons esquissé le caractère un peu fantasque et variable de Mlle de La Vigne, qui avait ses sautes d'humeur comme la côte bretonne a ses sautes de vent, ainsi que son illustre mari l'a rappelé à propos de lui-même. On retrouve des traits de cette humeur tour à tour gaie ou triste, mélancolique ou enjouée, de cette malignité que la piété et la charité avaient grand'peine à réduire à la malice, dans la vicomtesse de Chateaubriand, pacifiée par l'expérience et la résignation, sanctifiée par les œuvres de la plus ingénieuse et de la plus intrépide bienfaisance. Elle écrivait des billets qui ravissaient M. de Fontanes, M. Joubert et M. Clausel de Coussergues, ses admirateurs et ses amis, les deux derniers surtout, et où la griffe de ses petites revanches, de ses innocentes représailles contre les messieurs qui importunaient son mari, contre les *Madames* qui se disputaient son hommage, perce sous le velours de façon fort piquante. De même, dans cette taille courbée, cette maigreur ascétique, cette pâleur de valétudinaire, que faisait encore ressortir son habituelle robe

9

blanche, dans ce visage effilé et émacié, on retrouvait les traces de l'ancienne beauté, de l'ancienne grâce.

Chateaubriand ne put s'empêcher d'estimer sa femme pour sa vertu, son courage, sa résignation dans les traverses communes, son zèle pour ses intérêts, son dévouement d'autant plus méritoire qu'il était sans illusions. Il ne put s'empêcher de goûter l'agrément de son commerce qu'assaisonnait le sel d'un esprit original.

Aux heures d'examen de conscience et d'impartialité réparatrice, Chateaubriand reconnaissait qu'il avait reçu, dans l'échange conjugal, plus qu'il n'avait donné, plus même qu'il ne méritait et il a tracé de sa femme, dans ses *Mémoires*, un portrait plein — à travers quelques réticences discrètes — de son estime et de sa gratitude.

Depuis la publication des *Mémoires*, un livre de M. de Raynal, en la faisant connaître par ses lettres, a fait sortir de l'ombre la figure piquante de la femme du grand écrivain. Enfin l'œuvre de réhabilitation a été achevée et poussée peut-être jusqu'à un excès de glorification par une série de travaux curieux et intéressants dus à la plume d'un prêtre lettré, qui nous ont fait entrer à fond dans l'intimité de cet intérieur dont les discrètes confidences de M. Danielo, le dernier secrétaire de M. de Chateaubriand, nous avaient entr'ouvert la porte. Ainsi cette mémoire un peu revêche de sainte un peu profane a trouvé son chevalier dans ce pieux et savant ecclésiastique dont elle a fait la conquête posthume [1].

Nous avons signalé la date à laquelle les relations de Chateaubriand avec Mme Récamier devinrent intimes et régulières. C'est à partir de sa disgrâce de 1816, qui lui rendait la liberté de la lutte et lui prêtait l'intérêt du malheur, que la liaison d'un homme célèbre par son génie et d'une femme célèbre par sa beauté s'établit sur un pied d'admiration et d'affection réciproque et devint pour tous deux la plus douce habitude de leur vie.

En 1816, Mme Récamier avait trente-neuf ans et Chateaubriand quarante-huit. Il n'y a donc pas lieu de s'étonner que la liaison au début ait eu à essuyer des orages que l'amitié ne connaît pas.

Chateaubriand, entré dans la place au nom de l'amitié, n'aspira-t-il pas à quelque chose de plus ? Il avait succédé dans les bonnes grâces de Mme Récamier à Benjamin Constant, dont on connaît les lettres enflammées de 1814 à Juliette, demeurées sans succès, même appuyées par la menace d'ensanglanter sa défaite par un suicide à la Werther. On lui avait immolé ce souvenir en lui livrant sa correspondance et la *Vie* de l'héroïne commencée par

1. M. l'abbé G. Pailhès, ancien vicaire général, curé de la paroisse de Saint-Martial, à Bordeaux. Ses deux ouvrages ont pour titres, l'un : *Mme de Chateaubriand, d'après ses Mémoires et sa Correspondance*, grand in-8° de 400 p., 1887, et l'autre : *Mme de Chateaubriand, Lettres inédites à M. Clausel de Coussergues*, 1888. Ils seront prochainement suivis de deux volumes intitulés : *Chateaubriand d'après sa Correspondance familière*, et *Du nouveau sur Joubert*.

Benjamin. Ne se flatta-t-il pas, sur le don de ces trophées, de l'ambition d'être plus heureux que les Lucien Bonaparte, les prince Auguste de Prusse et les Benjamin Constant ? Mystère. Ce qui est certain, c'est que Mme Récamier, un moment, se crut menacée, trouva dangereux pour la paix de son âme, pour l'indépendance de sa vie, pour les droits des amitiés antérieures, l'ascendant de cette amitié fascinatrice dont la domination prétendait à une conquête sans limites. Elle avait besoin d'intérêt dans sa vie. Celui de l'amitié lui suffisait. Mais elle voulait le devoir à plusieurs. Se donner à un seul, même d'amitié, c'était abdiquer. Et elle ne voulait pas abdiquer.

C'est alors qu'elle inaugura ce système d'habile défense, d'ingénieuse diversion, qui achevait, sans qu'un ami qu'on voulait contenir sans le mécontenter, pût s'offenser de l'obstacle, de la rendre invulnérable. Quand elle eut renoncé à sa popularité mondaine, fondée sur sa beauté, sa coquetterie, son succès à plaire ; quand elle fut arrivée par la satiété au dégoût de cette idolâtrie banale qui ne s'adressait qu'à son visage, oubliait son esprit, méconnaissait son cœur ; quand elle ambitionna des triomphes plus modestes et plus doux, voyant dans l'amitié le seul sentiment qui lui fût permis, celui pour lequel elle était née, et où elle porta en effet tout l'art d'une sorte de génie, elle sentit aussi le besoin de se protéger contre toute témérité et tout entraînement par un acte décisif, attestant une résolution inviolable. Elle se réfugia dans la vie de famille, comme d'autres, au renoncement plus parfait, s'étaient retirées dans la vie claustrale, ne laissant ouvertes, entre le monde et elles, que les grilles du parloir.

Elle fit de sa nièce Amélie sa fille adoptive et se donna l'innocence pour gardienne de sa vertu. Cette maternité d'adoption lui permettait d'épuiser sans danger sa tendresse et de défendre, par les respects dus à la mère, la femme contre l'effet encore si séduisant de ses charmes.

Ces débuts parfois orageux d'une amitié qui fut troublée, dans cette période qui s'écoule de 1817 à 1825, par quelque chose des tendresses passionnées et des ambitions jalouses de l'amour, eurent pour premier théâtre l'hôtel élégant et le jardin de la rue d'Anjou où Mme Récamier ne fit que passer. Les derniers revers financiers de son mari l'obligèrent de les abandonner, donnant désormais pour modeste cadre à sa vie de retraite un petit appartement au troisième étage des bâtiments extérieurs de l'Abbaye-aux-Bois. L'établissement dans cette demeure étroite, presque cellulaire, dura six ou sept ans.

A ce moment, la chambre à coucher, promue le jour à la dignité de salon, était ornée d'une bibliothèque, d'une harpe, d'un piano, du portrait de Mme de Staël par Gérard, d'une vue de Coppet au clair de lune. Sur les fenêtres étaient des pots de fleurs. « La plongée des fenêtres était sur le jardin de l'Abbaye, dans la corbeille verdoyante duquel, disent les *Mémoires*, tournoyaient des religieuses et couraient des pensionnaires. »

Chateaubriand écrivait tous les matins de bonne
heure à Mme Récamier, et chaque jour invariable-
ment il venait chez elle à trois heures; il y venait le
plus souvent à pied, et son exactitude était telle qu'il
prétendait que les gens de la rue de Sèvres réglaient
leurs montres en le voyant passer. A cette heure,
dont il s'était réservé le privilège, il était le plus
souvent reçu seul, ne voulant confondre son hommage avec aucun autre. Ce n'est que rarement, et
sur sa permission, que quelques visiteurs favorisés
étaient admis, à son heure, aux honneurs de l'audience. Après le dîner, la chambre de l'Abbaye-aux-
Bois s'ouvrait pour un certain nombre d'amis fidèles,
et la soirée se terminait par l'arrivée tardive de
Mathieu de Montmorency, que son service auprès
de Madame retenait assez tard aux Tuileries.

C'est en 1825 que la mort de la duchesse de Mont-
mirail, belle-mère du duc de Doudeauville, permit
à Mme Récamier de lui succéder dans son grand
appartement du premier étage, plus large et plus
commode, et d'y concilier les exigences d'un train de
vie modeste, avec les convenances d'une influence
politique, littéraire, sociale considérable, et du salon
le plus recherché de Paris. Jusqu'à 1828, cette
influence de Mme Récamier fut surtout politique.
Ses amis traversaient tour à tour le pouvoir ou les
ambassades. « Elle a cette chance ou ce malheur,
disait le plus illustre d'entre eux en riant, que tous
ses amis sont ministres. » « Trois générations de la
famille de Montmorency, ajoutait, toujours en riant,

le duc Adrien de Laval, ont passé sous le joug. »
Mme Récamier usa avec tact de cette influence. Elle
accepta souvent les rôles de confidente, de média-
trice, de pacificatrice, mais ne joua jamais à l'Égérie.
Elle ne se servit de son crédit que pour obtenir non
des faveurs, mais des grâces et des pardons.

A partir de 1828, l'influence de Mme Récamier et
de son salon se modifie et devient presque exclusivement littéraire et académique. Chateaubriand, qui a
renoncé à la politique active, trône et règne désormais sans partage à l'Abbaye-aux-Bois. Mathieu de
Montmorency est mort. C'est le duc de Noailles qui
héritera de sa part. Amélie, la nièce de Mme Récamier, est mariée. C'est Mme Charles Lenormand. De
sa part il reviendra quelque chose à J.-J. Ampère,
dont la liaison avec Mme Récamier eut aussi des
vicissitudes caractéristiques, qui fut son dernier
innamorato, sur lequel elle exerça une influence dont
le pâle roman expira dans un sentiment d'affection
maternelle d'un côté, filiale de l'autre.

Ce fut le dernier triomphe de la femme dans
Mme Récamier, qui n'emploiera plus les restes de sa
beauté, de son charme qu'à rendre plus gracieuse et
plus douce l'autorité de son dernier et de son plus
glorieux empire, celui qu'elle exercera sur la vieillesse de Chateaubriand désabusé, mécontent des
autres et de lui-même.

Grâce à elle, à son ingénieuse et infatigable sollicitude, Chateaubriand eut un second foyer; il y
trouva ce que ne pouvait lui donner le premier, où

Mme de Chateaubriand, tout entière aux affaires
de son Infirmerie, n'attirait, avec quelques vieux
amis, que des prêtres, des prélats, des personnes
pieuses et charitables comme elle. Dans ce milieu
étroit et dévot, Chateaubriand eût étouffé de l'excès
de cet incurable ennui auquel il échappait avec tant
de peine jusque dans ce salon sanctuaire de sa
gloire. C'est par le salon de Mme Récamier, où la
grâce de la maîtresse de la maison, son esprit atti-
raient, non moins que la renommée de son plus
illustre familier, tant de visiteurs d'élite, que Chateaubriand demeura en communication avec le monde
littéraire, et eut la consolation de voir, par un hommage dont son amie s'ingéniait à varier les formes,
les générations nouvelles s'incliner devant lui.

C'est là que dans la première phase des récep-
tions de l'Abbaye-aux-Bois son salon vit passer,
venant rendre hommage à la beauté et au génie, les
plus célèbres du siècle, la duchesse de Devonshire,
son frère le duc de Bristol, sir Humphry et lady
Davy, miss Edgeworth, miss Berry, lady Stuart,
Alexandre de Humboldt, le prince Tufiakin, la reine
de Suède parmi les étrangers ; et parmi les Français,
en dehors des habitués, tels que Mathieu de Montmorency, Ballanche, Benjamin Constant, la maré-
chale Moreau, la comtesse de Boigne, Mme Sophie
Gay, M. de Catellan, M. de Forbin, Parseval-Grand-
maison, Baour-Lormian, M. de Gérando, le peintre
Gérard, M. de Kératry, M. Dubois, M. Bertin l'aîné.

A ces premiers admirateurs et visiteurs succé-

dèrent, dans la dernière et non la moins brillante
période du salon de l'Abbaye-aux-Bois et de son
influence, le duc de Noailles, M. Pasquier, J.-J. Ampère, Villemain, Augustin Thierry, Henri de la
Touche, M. de Salvandy, Edgar Quinet, Sainte-
Beuve, Mérimée, Nisard, Charles Lenormand, Louis
de Loménie, Charles Brifaut, M. Léonce de Lavergne,
Frédéric Ozanam, Alexis de Tocqueville, David
d'Angers, Eugène Delacroix, le docteur Récamier.

Il faut citer hors pair Victor Hugo et Lamartine
dont les *Méditations* furent lues et respirées à l'Abbaye-aux-Bois dans leur pénétrant parfum de nouveauté, et qui y assista à cette lecture du *Moïse* dont
il a tracé un si curieux et malin tableau.

Nous ne pouvons retracer ici les principaux événements de l'histoire mondaine de l'Abbaye-aux-
Bois; mais parmi ceux d'un caractère plus intime
et plus littéraire, il faut citer ces lectures plus ou
moins solennelles, toujours parées du charme d'un
certain mystère, des *Mémoires d'Outre-Tombe*, qui
furent la grande préoccupation de Mme Récamier.

Elle fut admirable vraiment dans son art d'entretenir au-dessus de la tête de son illustre ami la
flamme de la lampe d'admiration, de protéger ses derniers ouvrages contre les vicissitudes du goût public
et les inconstances de la critique, grâce à elle toujours fidèle, toujours dévote à la petite chapelle de
la gloire de *René*. Un curieux volume est demeuré
le monument de cette sollicitude infatigable [1]. C'est

1. *Lectures des Mémoires de M. de Chateaubriand*, ou

à la suite de la publication de ce recueil d'extraits et d'éloges que Chateaubriand, obligé, disait-il, pour vivre, d'*hypothéquer sa tombe*, put, en 1836, vendre ses *Mémoires* à la société chargée de les publier après sa mort, moyennant une pension viagère de 20 000 francs pour lui, réversible pour 12 000 francs sur la tête de sa femme.

Avant de se mettre en règle avec la postérité, Chateaubriand s'était mis en règle avec la mort. Il avait veillé, avec une patiente et prévoyante sollicitude, au tombeau de son corps, comme à celui de sa mémoire. Les négociations avec la municipalité de Saint-Malo pour assurer à sa dépouille « six pieds de terre bénite sur le rocher du Grand-Bé » s'ouvrirent en 1828, pour se prolonger assez long-temps. Enfin le vœu de l'écrivain l'emporta, et Chateaubriand put savourer l'âpre plaisir d'être assuré d'un enterrement selon son goût. « Chacun, dit-il à ce propos dans le *Congrès de Vérone* avec une rude ironie, prend son plaisir où il le trouve. »

Dès le milieu de l'année 1846, Mme Récamier fut affligée d'une cataracte qui ruina peu à peu sa vue. A la même époque, les suites d'un accident de voiture firent dégénérer sourdement en paralysie la goutte qui rongeait les jambes de son illustre ami. La belle Juliette frappée aux yeux dont elle faisait si bel et si bon usage pour ses amis ! Ce visage au galbe à peine altéré, condamné à l'affront d'une prochaine

recueil d'articles publiés sur ces *Mémoires*, avec des frag-ments originaux. Paris, 1834, in-8°.

cécité! René goutteux, puis paralysé, réduit à l'im-
mobilité, couvrant, par une sorte de pudeur, d'un
manteau ses jambes déjà mortes, enfoncé jusqu'à
mi-corps dans la tombe et protestant contre l'affront
de cette déchéance partielle par l'opiniâtreté de vie
et de fierté qui anime encore son œil où passe une
dernière flamme, sa tête blanche qui défie encore le
sort, de vieux Titan foudroyé! Quel spectacle émouvant, que cette décadence de la beauté et du génie,
se préparant, l'une avec le sourire qu'elle gardera
jusque devant la mort, l'autre avec la fierté superbe
qui ne s'inclinera que devant la croix, aux suprêmes
épreuves de leur destinée! Chateaubriand avait
demandé à Dieu la grâce de partir le premier et de
ne pas voir mourir celle qu'il avait tant aimée [1]. Ce
vœu fut exaucé. Le bon Ballanche, qui supportait
encore moins l'idée de vivre sans celle qui seule lui
faisait supporter la vie, avait sollicité de Dieu la
même grâce, qui lui fut accordée, de la précéder dans
l'éternité.

C'est Mme de Chateaubriand qui fut atteinte la
première, montrant et frayant à son mari et à ses
amis, en sa qualité de presque sainte, la route du
ciel (février 1847). Ballanche suivit, mourant en grand
philosophe chrétien, consolé jusqu'au bout par les
espérances de la foi et les tendresses de l'amitié.
C'est à son chevet d'agonie que Mme Récamier
acheva, par les larmes qu'elle y versa, de compro-

1. Lettre à Mme Récamier du 4 novembre 1837. *Souvenirs
et Correspondance*, t. II, p. 479-480.

mettre sa vue de plus en plus affaiblie (juin 1847).

À ce moment Chateaubriand offrit à Mme Récamier de consacrer leur amitié en partageant son nom. Elle refusa cet honneur avec un attendrissement reconnaissant, par suite des plus nobles et des plus délicats scrupules. Un an après, c'était au tour de l'illustre écrivain de subir le sort commun de l'humanité. La canonnade de l'insurrection de Juin scanda de son bruit sinistre les râles de son agonie. Il vécut assez pour apprendre la défaite de l'anarchie. Mais il mourut dans l'incertitude des suites d'une révolution qui le vengeait trop en menaçant d'ajouter d'autres chutes à celle de Louis-Philippe, partagé entre les angoisses du patriote sur l'avenir du pays, du libéral sur le sort de la liberté, et consolé par les espérances du chrétien.

Il rendit son âme à Dieu le 4 juillet 1848. Quatre personnes assistaient à ce passage de la vie à l'immortalité d'un des hommes qui ont le plus honoré la France en ce siècle : son neveu Louis de Chateaubriand, son directeur, l'abbé Deguerry, une sœur de charité et Mme Récamier [1] ; elle avait aussi mérité ce titre par son dévouement envers celui dont elle venait consoler l'agonie par le dernier regard de ces yeux qui se fermèrent à la lumière, en même temps que ceux de son ami se fermaient à la vie, et qui, depuis, ne virent plus [2].

1. C'est à tort que M. Villemain cite Béranger comme présent à la mort de Chateaubriand.

2. Mme Récamier mourut le 11 mai 1849, toujours aimable,

Transporté de l'appartement de la rue du Bac, n° 112, dernier domicile du grand écrivain, dans un caveau de l'église des Missions Étrangères, son cercueil y reçut le 6 juillet les premiers honneurs funèbres et les adieux de la population parisienne qui, au lendemain de tant d'autres malheurs et de tant d'autres deuils, sut montrer qu'elle ressentait profondément la perte que faisaient les lettres françaises.

Mais c'est à Saint-Malo que les funérailles prirent le caractère d'un deuil public, d'un hommage national. La cérémonie du transport solennel au Grand-Bé, du cercueil sorti de la cathédrale tendue de noir, reçut du spectacle de ce cortège de cinquante mille personnes, assistant sur les remparts ou dans des barques pavoisées de deuil à cet ensevelissement grandiose sur un rocher entre la mer et le ciel, illuminé par les éclairs de l'orage, la poésie triomphale d'une apothéose. Le deuil était conduit par la famille, au premier rang de laquelle marchaient MM. Louis, Geoffroy et Frédéric de Chateaubriand, neveux du défunt, accompagnés par la municipalité de Saint-Malo et les autorités du département. L'Académie française y était représentée et le fut dignement par M. J.-J. Ampère. La messe des obsèques avait été célébrée par le curé de Combourg. A l'élévation, par une heureuse et touchante inspiration, la mu-

---

et encore belle, en dépit de la cécité, sous sa couronne de cheveux blancs qui avaient commencé à s'argenter à Rome, en 1824, à la nouvelle de la chute et de la disgrâce de Chateaubriand.

sique de la garde nationale de Saint-Malo avait exécuté l'air de la populaire romance :

Combien j'ai douce souvenance !, etc.

et tous les yeux s'étaient mouillés de larmes.

La même universelle émotion présida aux suprêmes adieux au glorieux mort inhumé, selon ses vœux, au bord de cette mer qu'il avait tant aimée, au sommet de l'îlot escarpé cher à ses yeux et à ses rêveries d'enfant. C'est dans ce sépulcre de granit, qui demeure le but de plus d'un pieux pèlerinage, qu'il dort son dernier sommeil, bercé dans le tombeau, comme dans le berceau, par le bruit aimé des flots et des vents, en fils privilégié de cet Océan, qui salua ses funérailles d'une tempête comme il l'avait fait pour sa naissance.

Vingt-sept ans plus tard, le 5 septembre 1875, l'hommage de l'admiration et des regrets de la France était complété par l'érection à Saint-Malo d'une statue de bronze sur un piédestal de granit, œuvre d'Aimé Millet, payée au moyen d'une souscription nationale. MM. Camille Doucet, E. Caro et le duc de Noailles, successeur de Chateaubriand, avaient été délégués par l'Académie française à la cérémonie d'inauguration, et y prononcèrent des discours dignes de la mission et du sujet.

LIVRE II

L'ŒUVRE ET L'INFLUENCE

CHAPITRE I

PHILOSOPHIE

L'ESSAI SUR LES RÉVOLUTIONS — LE GÉNIE DU CHRISTIANISME

1798-1802

L'*Essai sur les Révolutions anciennes et modernes considérées dans leurs rapports avec la Révolution française* est loin d'être un chef-d'œuvre. « Dans ces deux volumes qui n'en faisaient qu'un, énorme in-8° de près de 700 pages, il avait versé toute son érudition historique juvénile, tous ses rapprochements d'imagination, toutes ses audaces de pensée, ses misanthropies ardentes et ses douleurs rêveuses. » Mais « c'est un livre rare et fécond, plein de germes, d'incohérences et de beautés, où est déjà recélé tout le Chateaubriand futur, avant l'art, mais non avant le talent [1] ».

1. Sainte-Beuve, *Causeries du lundi*, t. X, p. 63.

Étant donné l'état de corps, d'esprit et de cœur où se trouvait certainement Chateaubriand en 1794, à vingt-six ans, quand il écrivit ce livre, il fut bien ce qu'il devait être.

Appartenant à la classe vaincue, dépouillée, proscrite par la Révolution, malade jusqu'à se croire poitrinaire et condamné à une fin prochaine, travaillant hâtivement, pour soutenir un reste de vie, en proie à toutes les amertumes, à tous les aigrissements de la misère, de la tristesse et de la solitude, Chateaubriand était incapable de ce grand effort qu'il lui eût fallu faire pour être impartial.

Ajoutons que le cadre où il se mouvait n'était pas plus favorable que son état intérieur aux spéculations de la philosophie politique. Il était, à Londres, dévoré par l'ennui qu'on respire avec l'air de ce climat brumeux, froissé par le coudoiement brutal de la foule affairée qui se presse dans ce brouillard humide, doublé des fumées du charbon. Il éprouvait cette impression de malaise si cruellement ressentie et si énergiquement décrite avant lui, en 1784 et en 1787, par Mirabeau et André Chénier.

Ce n'est pas à vingt-six ans, quand on manque de pain, quand on a laissé tarir la foi, unique source de l'espérance, quand on doute de tout, même de soi, qu'on peut croire à la perfectibilité humaine et au progrès indéfini. Condorcet proscrit, écrivant dans la solitude inquiète de sa mansarde, à la veille de sa fuite désespérée et de sa mort tragique, le *Tableau des progrès de l'esprit humain*, ne songeait sans

doute qu'à la science, dans le domaine de laquelle
ces progrès sont incontestables. S'il allait au delà,
s'il oubliait, en faveur d'une thèse plus générale
et plus absolue, l'ingratitude populaire dont il était
victime, et l'échafaud de Lavoisier, auquel il ne
devait échapper que par le poison, un tel oubli
témoignait d'illusions encore plus aveugles que généreuses. Il affectait plus qu'il ne l'éprouvait sans doute
sa fidélité à des espérances qui l'excusaient. C'est
son apologie qu'il érigeait en système. Chateaubriand, plus jeune et plus sincère, cherchait un système dans ses déceptions, et une vengeance dans sa
philosophie. Il écrivait un livre qui ne pouvait être
et qui ne fut qu'une œuvre de révolte, de défi, de
pessimisme et de scepticisme, en un mot un livre de
naufragé exaspéré par le naufrage.

L'*Essai* n'eut aucun succès en France, et c'est à
peine s'il appela sur l'auteur en Angleterre une
attention distraite et faite plutôt de curiosité que
de sympathie. L'ouvrage n'a contribué en rien à la
gloire de Chateaubriand, mais en revanche il lui a
procuré plus d'un ennui. Car il a fourni à l'envie et
à la haine littéraires, à l'envie et à la haine politiques, plus perfides et plus féroces encore, des armes
pour le combattre.

Il résulte en effet irréfragablement des déclarations de l'*Essai*, aggravées encore par le commentaire
confidentiel imprudemment crayonné sur les marges
d'un exemplaire non destiné à la publicité, mais qui
n'en a pas moins été publié par Sainte-Beuve et qui

existe encore, témoin importun et indiscret, entre les mains de l'acquéreur de ce volume de sa bibliothèque, que Chateaubriand, à la date de l'*Essai*, traversait une phase, une crise d'incrédulité qui allait jusqu'au matérialisme, au fatalisme et, pour tout dire en un mot, jusqu'à l'athéisme [1]. A prendre l'*Essai* dans sa lettre, sinon dans son esprit, et isolément, on devine tout le parti qu'on pouvait tirer contre Chateaubriand de ce premier rôle joué par lui, alors même que depuis longtemps il avait changé de rôle, et précisément pour contester la sincérité du changement ou pour en railler la palinodie.

Chateaubriand ressentit si vivement la cuisson de ces égratignures, qu'il prit soin de se critiquer, de se réfuter, de se rectifier lui-même dans l'édition de l'*Essai* de 1826, pour épargner désormais ce soin et ce plaisir à ses détracteurs. On sait d'ailleurs les complaisances secrètes et parfois même les malignes représailles qui se dissimulent sous l'apparente sincérité et l'humilité orgueilleuse de ces examens critiques, où l'auteur se ménage en affectant de se frapper (tout tendre père frappe à côté), où il s'explique plus qu'il ne s'excuse, où il fait son *meâ culpâ* sur la poitrine des autres.

Si, en 1826, à la fin de sa vie, Chateaubriand s'occupait d'émousser les *par-delà* de ses audaces juvéniles, d'arranger, de draper en vue de l'unité et de l'harmonie de sa vie tout ce qui ne répondait pas

1. Sainte-Beuve, *Causeries du lundi*, t. X, p. 60. — *Chateaubriand et son groupe*, p. 163.

dans son œuvre à ce personnage de royaliste libéral et de philosophe catholique définitivement adopté, il avait conquis ce droit dès 1798 par un désaveu autrement formel.

Dès le lendemain de l'*Essai*, sous l'influence d'une réaction où il faut faire à la fois la part des évolutions de l'esprit et des mouvements du cœur, il renonce à continuer l'ouvrage sceptique et pessimiste qui ne répond plus à ses opinions ni à ses sentiments, et il prépare, en se servant même des matériaux accumulés dans un tout autre but, un ouvrage réparateur, expiatoire du précédent, consacré à la glorification de cette religion chrétienne qu'il avait d'abord combattue. Nous nous sommes expliqué sommairement déjà sur les causes et le caractère de ce revirement que la critique de notre temps, avec une unanimité décisive, a montré contenu en germe dans l'*Essai* lui-même. Cette débauche de négation devait finir logiquement, étant donnés l'homme et les circonstances, par un réveil et un acte de foi.

Si Sainte-Beuve a très bien vu et caractérisé dans l'auteur du *Génie du Christianisme* le croyant par sentiment, par imagination, par repentir, traversant la même crise de réaction que la France elle-même, à l'aurore du XIXᵉ siècle, il a peut-être moins bien vu et moins bien caractérisé dans ce même auteur l'artiste, le dilettante, le novateur mêlant à ses tableaux apologétiques toute une théorie d'esthétique et critique nouvelle.

A l'époque de la publication du livre, c'est-à-dire

en 1802, le côté religieux l'emportait au point d'en
masquer les autres aspects, d'en émousser l'effet
d'innovation et d'originalité. A l'époque où Sainte-
Beuve écrivait, la critique en était déjà à balancer
les aspects, à compenser les effets, à faire même à
l'influence littéraire du livre une part supérieure à
celle de son influence religieuse. Aujourd'hui, sur
cette fin de siècle de plus en plus critique et sceptique, l'ouvrage, qui dut d'abord son immense succès
autant à l'heureux hasard ou à l'habile à-propos qui
le fit paraître le jour de la promulgation du Concordat, dont il fut comme le magnifique commentaire, qu'au talent de son auteur, a épuisé cette veine
de mérite et d'influence. On n'en voit plus que les
côtés profanes. Partageant la destinée du Concordat
lui-même, qui n'est plus qu'un grand acte politique,
qu'un monument diplomatique, qui a perdu ses caractères augustes et solennels, de réconciliation, de
pacification, de réparation, et doit surtout son autorité à sa durée et à son utilité, le *Génie du Christianisme* a de même épuisé ses mérites religieux, sa
force de persuasion et de conversion, son influence
en quelque sorte sacrée. Cette apologie du christianisme, un moment si efficace et décisive, grâce aux
dispositions des esprits et à la faveur des circonstances, est aujourd'hui insuffisante et stérile. Elle ne
garde plus que ses attraits profanes, d'imagination,
de sentiment, de poésie et de style. Le *Génie du
Christianisme* n'est plus qu'un monument littéraire,
qu'une cathédrale gothique, où l'on entre au nom

de l'art plus qu'au nom de la foi. C'est surtout le premier et magnifique manifeste du romantisme.

Voilà les côtés un moment accessoires et subsidiaires, devenus, par l'effet du temps, les côtés principaux, qui font que le *Génie du Christianisme*, qu'on ne considère plus guère que pour sa valeur de théorie esthétique, critique, pour ses mérites littéraires, demeure un livre curieux et un beau livre, grâce surtout à l'éloquence et au style, sans être un chef-d'œuvre à cause de ce qui lui manque pour mériter ce titre, de l'aveu même de l'auteur.

Car Chateaubriand se rend très bien compte des qualités et des défauts de son ouvrage, de l'à-propos qui lui fit surtout un succès dont la durée tient moins à ses mérites qu'à ce double fait qu'il a glorifié la renaissance religieuse et commencé la révolution littéraire du début du siècle. Il déclare en 1837 que si le *Génie du Christianisme* était à écrire en ce moment, il l'écrirait tout autrement qu'en 1802, où l'état des esprits, le long discrédit d'une religion que tout l'effort du XVIII° siècle s'était appliqué à faire paraître absurde, grossière, à rendre ridicule, ne permettaient pas de présenter le christianisme autrement que comme une école d'art et de beauté.

Certes ce ne sont pas là les points de vue d'un Pascal, d'un Bossuet, d'un Bonald. Mais précisément ces points de vue ne convenaient ni au génie de Chateaubriand, ni à son temps. C'est ce qu'avait très bien compris Joubert, quand il détournait l'auteur du *Génie du Christianisme* de s'obstiner à pâlir sur des

in-folio, et à troubler sa verve de leur poussière.
« Qu'il laisse là les livres, disait ce conseiller sagace,...
son rôle est d'*enchanter*. » Chateaubriand se réduisit
à ce rôle assez beau, en somme, d'enchanteur, de
magicien de l'imagination et du style.

Mais il ne fait que se rendre justice comme
critique rénovateur quand il écrit : « Les passages
où je traite de l'influence de notre religion dans
notre manière de voir et de peindre, où j'exa-
mine les changements opérés dans la poésie et l'éloquence ; les chapitres que je consacre à des recherches sur les sentiments étrangers introduits dans
les caractères dramatiques de l'antiquité, renferment
le germe de la critique nouvelle. »

Ce sont là des résultats considérables, et M. Paul
Albert qui conteste la portée de la réforme, n'en
nie point la hardiesse et la nouveauté [1]. M. Emile
Faguet ne voit pas seulement une réforme dans la
façon dont Chateaubriand a compris l'art du poète
et de l'écrivain. A défaut d'une théorie complète,
Chateaubriand, selon lui, « a émis sur ce sujet des
vues instinctives, toutes nouvelles, d'une portée
infinie, et qui ont fait une révolution littéraire comme
il n'y en avait pas eu de pareille depuis la Renaissance des lettres » [2].

C'est assez pour la gloire du *Génie du Christianisme*.

---

1. *La Littérature française au XIX* siècle, t. I, p. 150 et 160.
2. Emile Faguet, *Études littéraires sur le XIX* siècle.

CHAPITRE II

LITTÉRATURE

VOYAGES, ROMANS ET POÈMES

1803-1811

Les deux tableaux épisodiques d'*Atala* et de *René* contribuèrent, de l'aveu même de l'auteur, au succès du *Génie du Christianisme* dans une proportion telle qu'il ne ne les en sépara que lorsque ce succès fut assuré. L'influence de ces deux ouvrages, quelque temps accessoire, devint principale ; elle se développa au point d'en effacer toute autre. L'auteur du *Génie du Christianisme* demeura pour jamais l'avocat et le poète de la religion, le chevalier de la croix, le champion de Jésus-Christ, titre revivifié en 1832 par les *Études historiques* et en 1844 par la *Vie de Rancé*. Mais pour ses contemporains, dès 1805, époque de la publication séparée de *René* et d'*Atala*, il fut et il est surtout pour nous le rénovateur littéraire, le régénérateur du roman, l'auteur d'*Atala*, de *René*, deux chefs-d'œuvre qui ont exercé sur notre littérature une influence qui dure encore, et que seul le

Génie du Christianisme, ouvrage de circonstance, n'eût certainement pas obtenue et prolongée à ce degré.

Mais *Atala*, mais *René* n'étaient dans leur forme primitive que des fragments de cet énorme manuscrit des *Natchez*, de 2 383 pages in-folio où l'on trouve Chateaubriand tout entier, Chateaubriand à l'état fruste, sauvage, de son talent, coulant de source, à travers une profusion luxuriante, éblouissante, d'images, sorte de forêt vierge non encore explorée et cultivée par le goût.

Chateaubriand, après avoir fait, pour l'*Essai sur les Révolutions*, pour le *Génie du Christianisme*, de nombreux et abondants emprunts à cette mine des *Natchez*, après en avoir tiré *Atala* et *René*, se décida seulement en 1826, dans l'édition de ses *Œuvres*, à faire connaître au public le roman-poème où il avait mis en action, dans une fable ingénieuse, ses aventures et surtout ses rêves et ses impressions du voyage de 1791 en Amérique.

Nous ne savons trop quel fut l'effet de cette révélation sur le public de 1826. Ce qu'il y a de certain, c'est que la critique contemporaine n'a été ni indifférente ni dédaigneuse aux *Natchez*. Elle y a trouvé un plaisir extrême. Les époques critiques et blasées en apparence sont curieuses des origines du talent, de ses sources mystérieuses, des naïvetés qu'il mêle à ses audaces, des ingénuités de sa témérité. On aime la surprise rafraîchissante de ces intimités, de ces virginités du génie qui s'éveille encore nu, avant les parures et les coquetteries de l'art.

Sainte-Beuve n'a pas dédaigné « cet immense ramas » des *Natchez*, mais a craint de s'engager « dans cette forêt primitive du talent de Chateaubriand et de n'en pouvoir sortir »; pour en avoir quelque idée, il attend *Atala*, qui n'en est « qu'une portion détachée et un fragment soumis à l'art ». Mais l'éminent critique est moins réservé à l'égard du *Journal du voyage en Amérique*, où il note avec une volupté de goût qu'aiguise le plaisir de la découverte, les premiers signes, les premiers germes du talent naissant qui s'épanouira bientôt si puissamment. Il signale dans le *Journal* des croquis encore rudimentaires, mais qu'anime déjà mainte de ces touches de vie qui révèlent le maître. Ce sont, dit-il, les cartons d'un grand peintre.

Ce que Sainte-Beuve dit du *Journal du voyage en Amérique* s'applique aussi, selon nous, aux *Natchez*. Il n'y a pas unanimité dans la critique sur ce poème en prose dont l'auteur apparaît à certains comme un Delille sans rimes, un élève de Marmontel dans les *Incas*. Ceux-là ont bien mal (ou point) lu ce souper de Chactas chez Ninon où il y a, selon Sainte-Beuve, des « choses presque insensées, mais qui se termine par une réflexion sur les passions de la poésie la plus neuve et d'une admirable beauté ». D'autres n'hésitent pas à afficher « pour ces délicieux *Natchez* » un goût particulier, nous dirions un engouement véritable, si nous ne le partagions pas [1].

1. Émile Faguet, p. 48 et 65.

Si dans l'*Essai*, au point de vue de la forme seulement, et même dans certains passages du *Génie*, l'esprit novateur de Chateaubriand ne s'est pas entièrement dégagé de certaines traditions du xviiie siècle,
il s'en est complètement affranchi dans *Atala*, où
éclatait sans mélange une originalité dont les représentants les plus autorisés de l'esprit du xviiie siècle,
les Morellet, les Chénier, les Ginguené, s'offusquè-
rent et contre laquelle ils émoussèrent les pointes
de l'arme favorite de cet esprit, la raillerie. Les
chicanes de Morellet, les épigrammes de Chénier,
les ironies de Ginguené ne pouvaient rien contre
une œuvre dont les qualités et les défauts mêmes
étaient au-dessus du ridicule. La satire, la parodie et
la caricature ne firent qu'exciter par leur contradiction l'enthousiasme d'un public avide de nouveauté
et impatient de ce plaisir de l'admiration qu'il n'avait
pas goûté depuis si longtemps.

Il était encouragé par les suffrages de juges dont
on ne pouvait nier la compétence, tels que La Harpe,
Fontanes et Joubert, et dont l'approbation témoignait de la clairvoyance et de la tolérance qui faisaient par trop défaut à leurs adversaires. La vraie
critique ne doit être déconcertée par aucune nouveauté. C'est ce que les adversaires d'*Atala* eurent
le tort d'oublier en 1801. C'est ce dont il convient
que nous nous souvenions, lorsque nous nous trouvons en 1891, c'est-à-dire après un siècle, en présence d'une œuvre dont le temps a fané la fraîcheur,
émoussé la hardiesse, mais dans laquelle il a dû res-

pecter ce qui assure la durée des œuvres littéraires :
l'éloquence de sentiments vraiment humains et, dans
leur expression, cette beauté faite de don et d'art,
d'inspiration et de choix, qui s'appelle le style.

C'est le grand artiste, le grand poète, le grand
écrivain qu'admirait d'instinct, dans l'auteur d'*Atala*,
la société nouvelle. « Tout récemment, elle s'était
passionnée pour Ossian; elle attendait un autre
enthousiasme. Rien, dans la froideur actuelle de
notre siècle industriel et banquier, ne peut offrir
l'idée de ces ardeurs de curiosité, de ces enchantements d'admiration qui saluèrent alors l'œuvre
originale d'un jeune inconnu.... Sauf quelques recherches bizarres d'expressions et d'images, tout
ravissait dans cette œuvre de passion et d'éloquence.
Aussi cette lune de miel de la célébrité ne fût jamais
oubliée ni surpassée par M. de Chateaubriand [1]. »

On le comprend quand on songe que ce succès
rendit l'auteur non seulement célèbre mais populaire du soir au lendemain, qu'il eut à la fois pour
lui les juges d'instinct, de passion, d'entraînement,
les jeunes gens et les femmes, mais aussi les juges
d'expérience, de raison, qui ont le goût plus exigeant
et l'admiration plus difficile, les hommes mûrs et les
vieillards. Tous cédèrent à l'ascendant, au charme, à
la magie de cette passion, de cette poésie, de cette
couleur.

Joubert, l'un d'eux, a donné admirablement les

---

1. Villemain, p. 88-89.

raisons du succès de l'œuvre nouvelle, en dépit de ses défauts et même à cause de ses défauts, tant il y a un sort heureux et que tout sert sur les livres qui ont ce charme enchanteur auquel on ne résiste pas.

La conclusion de Joubert est aussi celle de Sainte-Beuve, à la fin de la minutieuse étude sur *Atala*, qui ne comprend pas moins de soixante-dix pages et où il a épuisé le sujet [1]. C'est aussi la nôtre.

René, dont l'influence fut plus lente, moins populaire que celle d'*Atala*, mais plus profonde et plus prolongée, puisqu'elle dure encore, appartient « à un autre ordre de sentiments et d'idées ». C'est Chateaubriand qui le constate lui-même dans la *Préface* de cette édition d'*Atala* et de *René* où ce dernier épisode est séparé pour la première fois du *Génie du Christianisme* (1805). Cette *Préface*, en ce qui touche *René*, se borne à renvoyer le lecteur aux passages du *Génie du Christianisme* et de la *Défense* de cet ouvrage qui se rapportent à ce roman. Ces deux extraits auxquels renvoie l'auteur de *René* sont d'une substantielle saveur. Ils répondent à toutes les questions que suggère l'ouvrage. Ils préviennent à son égard toute interprétation erronée.

L'extrait du *Génie du Christianisme* est tiré du chapitre intitulé : *Du vague des passions*. L'auteur y peint en termes dont la précision énergique, la pénétrante subtilité d'analyse n'ont jamais été égalées, cette maladie morale qui sera le mal du siècle.

---

1. *Chateaubriand et son groupe*, p. 196-164.

René, aux yeux de l'auteur, personnifiait donc « cette position d'âme singulière », « cet état d'âme » étrange, comme on dirait aujourd'hui, qu'il croit à tort inconnu des anciens. Il aurait pu en reconnaître la peinture dans les œuvres d'un de ces Pères de l'Église qu'il avait laborieusement mais un peu hâtivement compulsés. Saint Jean Chrysostome a constaté et décrit ce mal de Stagire qu'il appelle énergiquement l'*athumia* (le manque d'âme, la défaillance de l'âme), c'est-à-dire le dégoût précoce des choses, l'ennui sans motif, le découragement sans cause, le *tædium vitæ*, le *fi de la vie* des spleenétiques et des persécutés ou désespérés imaginaires. J.-J. Rousseau, Bernardin de Saint-Pierre avaient traversé ces crises d'hypocondrie, de misanthropie, qui n'étaient donc point aussi inconnues des anciens ni même des contemporains que le suppose à tort Chateaubriand. Ce qu'il ne pouvait dire, c'est que personne avant lui n'avait étudié ce mal de l'homme « possédé, tourmenté par le démon de son cœur », avec sa finesse d'analyse, dans ses plus intimes profondeurs, ses plus secrets replis ; c'est que personne avant lui n'avait donné à l'expression de ce mal mystérieux que la religion seule pouvait guérir, cette intensité d'accent qui fait de René le type le plus original, le plus vivant de cet état d'âme qu'un des maîtres de la doctrine classique, M. Saint-Marc Girardin, a flagellé chaque fois qu'il a rencontré un personnage issu de la trop nombreuse famille de René, avec une verve de raison et de malice un peu

impitoyable. Ses disciples ont exagéré sa thèse, et
il a fallu l'intervention décisive d'un des jeunes maîtres de la critique contemporaine pour rétablir la
question dans l'état qui concilie tous les devoirs,
tous les droits, tous les intérêts, c'est-à-dire les devoirs de la raison et ceux de la pitié, les droits de
l'humanité et les droits de l'art, les intérêts de la
morale et ceux de la vérité [1].

Nous devons maintenant résumer cet extrait de
la *Défense du Génie du Christianisme*, duquel il résulte que René est un type abstrait, un personnage
imaginaire, qu'il n'y a dans son histoire aucune
réminiscence, aucune confidence, aucun aveu de
l'auteur, qui, s'il a mis beaucoup de son âme dans
celle de son héros, ne lui a rien prêté de sa vie et
de ses propres aventures.

Chateaubriand y déclare qu' « afin d'inspirer plus
d'éloignement pour ces rêveries criminelles, pour ce
vice moral dont René est le type, il a pensé qu'il devait
prendre la punition de René dans le cercle de ces
malheurs épouvantables qui appartiennent moins à
l'individu qu'à la famille de l'homme et que les
anciens attribuaient à la fatalité », c'est-à-dire dans
une passion incestueuse, fruit empoisonné de la
corruption des idées, amenant peu à peu la déprava-
tion du cœur et des sens. « Il eût choisi le sujet de
Phèdre s'il n'eût été traité par Racine. Il rejeta
comme trop abominable le sujet de Myrrha, qu'on

---

1. *Le mal du siècle*, dans *Histoire et littérature*, par Ferdi-
nand Brunetière, p. 303 et suiv.

retrouve encore dans celui de Loth et de ses filles.
Restait l'exemple d'Europe chez les Grecs ou
d'Amnon et de Thamar chez les Hébreux. Bien
qu'il ait été aussi transporté sur notre scène (dans
l'*Abufar* de M. Ducis), il est toutefois moins connu
que celui de Phèdre [1]). Peut-être aussi s'applique-
t-il mieux aux caractères que l'auteur a voulu peindre. En effet, les folles rêveries de René commen-
cent le mal, et ses extravagances l'achèvent; le
malheur naît du sujet et la punition naît de la faute. »

L'auteur de *René*, dès 1805, se préoccupait, on le
voit, tout particulièrement de dissiper toute équivoque sur sa pensée. Il initiait le public à ses combinaisons d'artiste. Il se défendait devant lui d'avoir
manqué à aucun des scrupules, à aucun des devoirs
du moraliste.

Le dessein de *René* n'eut donc rien en soi que d'irréprochable. Malheureusement la jeunesse a de ces
audaces, le génie a de ces ivresses qui les empor-
tent parfois au delà de leur but. La peinture du mal
de René avait de ces séductions qui sont dangereuses, parce qu'elles font oublier le remède. On

---

1. L'auteur de *René* ignorait certainement qu'au moment
même où il combinait la fiction romanesque d'une passion
de la sœur pour le frère, la réalité, s'il eût pu en pénétrer
les mystères, lui offrait un exemple de cette passion coupable
et malheureuse, mais avec transposition, c'est-à-dire inspirée
par la sœur à son frère. Et cette sœur n'était autre que la
belle Thérésia Cabarrus, future Mme Tallien. Un de ses
frères, épris d'elle, se fit tuer en désespéré, pendant les guerres
de la Révolution, à en croire la duchesse d'Abrantès (*Mémoires*,
2ᵉ édition, II, 276; Charles Nauroy, *Révolutionnaires*, p. 9 et 10).

admira trop le récit des vicissitudes de cette passion nouvelle pour songer assez au châtiment du crime. Pendant cinquante ans la littérature fut trop féconde en imitations de ce type de René, depuis le *Childe-Harold* de lord Byron et son *Manfred*, « René habillé à la Shakespeare », disait Chênedollé, jusqu'à l'*Hernani* de Hugo et l'*Antony* de Dumas, sans oublier le *Joseph Delorme* de Sainte-Beuve et son *Amaury*. Lamartine et Alfred de Musset, dans leur première manière (ceux-là imitent Chateaubriand à travers lord Byron), procèdent de René, par le doute mélancolique et la cavalière ironie. Mais ce qu'il y eut de pire, c'est que les René pullulèrent, fourmillèrent dans la vie, par suite de cette imitation contagieuse qui avait déjà donné de l'habit bleu, du pistolet et même du suicide de Werther tant d'éditions, de contrefaçons dans la réalité, sauvées du ridicule par un dénoûment tragique.

Chateaubriand, puni par où il avait, sans le vouloir, péché, épanche sa bile, dans ses *Mémoires*, contre ces bousingots qui jouent au satanisme, contre ces pâles et chevelus incompris, qui se réclament de son école et se drapent dans ses défroques usurpées. Il cingle sans ménagements, de ses rudes ironies, ces singes de *René* qui ont pris la critique d'une maladie morale pour son éloge, et l'étude d'un cas exceptionnel pour un exemple à suivre.

René est, de l'avis de son auteur, le chef-d'œuvre de Chateaubriand. Nous y voyons aussi, d'accord avec les juges les plus autorisés, un des chefs-d'œuvre de

notre littérature. Au lieu de citer un livre que tout
lettré a lu et relu, de chercher à renouveler les formules épuisées de l'éloge ou les aperçus de la critique comparée, il nous a paru plus utile d'exposer,
ce qu'on a trop négligé avant nous, la genèse de
l'ouvrage et de réagir contre le préjugé trop répandu
qui veut que ce roman soit une histoire, et que cette
histoire soit celle de Chateaubriand. Ce serait une
hypothèse calomnieuse, si ce n'était surtout une
interprétation erronée. Chateaubriand s'est peint
dans cet ouvrage comme dans tous les autres. « Il
n'y a que Chateaubriand, dit avec raison M. Brunetière, dans l'œuvre de Chateaubriand. » Mais il ne
s'y est pas raconté. Et si l'on y retrouve facilement
des traits de son caractère, l'orgueil et l'ennui, si
l'on y retrouve aussi des réminiscences de son enfance, de sa famille, du château paternel, du paysage
natal, il serait téméraire de pousser jusqu'au bout
l'identification de l'auteur avec son héros, et des
orages du cœur de René avec ceux de son cœur.
L'erreur, injuste en ce qui le touche, serait coupable en ce qui concerne sa sœur Lucile, qui ne
fut que par quelques traits innocents le prototype
d'Amélie.

Chateaubriand avait épuisé avec le *Génie du
Christianisme*, *Atala*, *René*, les ressources d'images
et de couleurs qu'il devait au voyage d'Amérique.
Son séjour en Italie, son voyage en Grèce devaient
renouveler sa palette et lui fournir sur l'antiquité,
sur la nature, sur l'art, des vues nouvelles dont pro-

11

fitèrent, après l'*Itinéraire de Paris à Jérusalem*, les
Martyrs, qui n'ont que des parties de chefs-d'œuvre,
mais qui constituent le plus grand effort de composition et de style de sa seconde époque littéraire.

Les *Martyrs* parurent en 1809. Ce n'est qu'en 1811
que Chateaubriand publia l'*Itinéraire*, les croquis et
les cartons après le tableau achevé dont ils ont
fourni les éléments. Le succès des *Martyrs* fut lent
et disputé. Chateaubriand était en disgrâce auprès
du maître, et la critique servile ne se fit point faute
de faire expier à l'auteur du *Génie du Christianisme*
et à l'auteur de la lettre de démission après la mort
du duc d'Enghien le double tort de son talent et
de son courage.

Mais peu importe à la postérité le succès obtenu.
Il ne s'agit auprès d'elle que du succès mérité.
Les *Martyrs* étaient une œuvre de maître par la
grandeur de la conception, bien qu'un plan trop
ambitieux n'ait pu être entièrement réalisé, et par
la beauté de l'exécution, la perfection soutenue de
la forme.

L'erreur de la conception fut de composer une
épopée et une épopée en prose, dans des conditions
de sujet moins favorables que celles de *Télémaque*.
Il y a des sujets épiques, il y a des génies épiques,
il y a des temps épiques. Le sujet des *Martyrs*, c'est-
à-dire la lutte entre le paganisme et le christianisme,
entre le monde ancien et le monde nouveau, était
un sujet plus historique qu'épique. Le génie de Cha-

teaubriand était un génie plus historique qu'épique.

L'entreprise de Chateaubriand était donc destinée, comme conception et comme plan, à un magnifique avortement. Car il ne s'est pas trompé d'une façon vulgaire ou ridicule. Son erreur est grandiose. Il s'est cru obligé de recourir à tout l'appareil classique. Il avait, dans le *Génie du Christianisme*, abattu les autels du paganisme littéraire, de cette idolâtrie mythologique qui s'était prolongée dans l'œuvre de nos poètes depuis la Renaissance jusqu'au XVIIIe siècle. Malheureusement, après avoir consommé la défaite du merveilleux païen, il voulut consacrer par un exemple décisif la supériorité du merveilleux chrétien. Il voulut avoir son Enfer et son Paradis. Mais il n'avait pas le génie dantesque, et surtout il manquait des ressources que l'auteur de la *Divine Comédie* trouvait dans les événements et dans les sentiments de son temps.

« Cette épopée nouvelle des *Martyrs*, a-t-on dit avec raison, n'est pas un chant biblique comme l'œuvre de Milton, une légende chrétienne et chevaleresque comme la *Jérusalem* du Tasse, un poème national et contemporain comme les *Lusiades* de Camoëns, une méditation religieuse et lyrique comme la *Messiade* de Klopstock. C'est une œuvre composite et dès lors artificielle, où l'auteur imite des choses inimitables pour nous, et ne devient original que lorsqu'il n'est nullement épique [1]. »

1. Villemain, p. 368.

C'était là évidemment le défaut de la cuirasse, et Chateaubriand en a convenu.

Le défaut des *Martyrs* tient au merveilleux *direct*, que, dans le reste de mes préjugés classiques, j'avais mal à propos employé. Effrayé de mes innovations, il m'avait paru impossible de me passer d'un *enfer* et d'un *ciel*. Les bons et les mauvais anges suffisaient cependant à la conduite de l'action, sans la livrer à des machines usées. Si la bataille des Francs, si Velléda, si Jérôme, Augustin, Eudore, Cymodocée, si la description de Naples et de la Grèce n'obtiennent pas grâce pour les *Martyrs*, ce ne sont pas l'enfer et le ciel qui les sauveront.

Dans de remarquables articles du *Publiciste*, au lendemain de l'apparition des *Martyrs*, M. Guizot montrait les inconvénients et les dangers, dont le génie même ne pouvait triompher entièrement, de ce plan qui mettait en lutte et en rivalité, dans des tableaux alternés, le merveilleux païen et le merveilleux chrétien. « Les *Martyrs*, disait-il, sont l'application et la preuve d'une théorie, c'est un poème composé non seulement dans le but de faire un poème, mais encore dans celui d'établir une opinion. M. de Chateaubriand a voulu prouver que la Muse chrétienne pouvait lutter sans crainte, dans l'épopée, contre la Muse de la Fable. »

Malgré ces objections, d'une critique aussi sagace qu'élevée, l'écrivain du *Publiciste* reconnaît que, « tout en profitant du droit d'idéaliser, l'auteur s'est bien gardé d'altérer. Et les tableaux païens des *Martyrs* ont éminemment cette couleur antique qu'il est impossible de méconnaître et que si peu de poètes ont su trouver. »

Même dans cet enfer des *Martyrs* « dont le plus

grand défaut est un mélange d'abstractions et de
réalités, d'êtres purement nominaux et d'êtres positifs », M. Guizot trouve à louer autant qu'à critiquer.
« Il y a cependant, dans cette description de l'abîme,
des détails d'autant plus beaux qu'ils étaient plus
difficiles à rendre neufs. Le portrait de la Mort, la
descente de Satan aux enfers sont sublimes ; le sou-
lèvement des réprouvés produit le plus grand effet.
Les inventions de M. de Chateaubriand sont bien
supérieures à ses imitations. »

Dans le *Paradis* des *Martyrs*, « la description du
bonheur des justes est un morceau de la plus grande
beauté. La mère du Sauveur joue dans tout son
poème un rôle vraiment poétique et divin. Son inter-
cession auprès de son fils pour faire sortir du purga-
toire Séphora, la mère d'Eudore, me paraît sublime »,
dit le rédacteur du *Publiciste*.

Pour lui, « le monde chrétien forme le premier
plan et le chef-d'œuvre du poème ». Il admire sans
réserve le caractère d'Eudore ; il ne résiste pas au
charme de la figure de Cymodocée. Le dernier
chant lui paraît un des plus beaux de tous. Il conclut
son quatrième et dernier article en déclarant abandonner à regret un ouvrage sur lequel il y aurait
encore beaucoup à dire et qui « après avoir fourni à
la critique, par ses qualités et ses défauts, une foule
d'observations et d'idées, restera à jamais pour la
gloire de notre littérature et pour celle de l'auteur [1] ».

---

1. *Le temps passé, mélanges de critique littéraire et de morale*, par M. et Mme Guizot, 1887, t. II, p. 216 à 236.

Quelques mois à peine après la publication de ces articles, que Guizot signait d'une simple initiale, en 1810, au collège de Blois, un jeune homme achevait ses classes, sans avoir encore conscience de son talent, de sa destinée. Il s'était fait, un jour de congé, dispenser de la promenade pour pouvoir lire à son tour, dans la solitude de la salle d'étude où il s'était confiné, un exemplaire des *Martyrs* apporté du dehors et qui circulait dans le collège. Il lisait donc « ou plutôt il dévorait le livre, éprouvant d'abord un charme vague et comme un éblouissement d'imagination. » Quand il arriva au récit d'Eudore, « cette histoire vivante de l'Empire à son déclin », son émotion augmenta, pour redoubler et atteindre à une sorte d'ivresse de la poésie et de la vérité. « L'impression que fit sur lui le chant de guerre des Franks eut quelque chose d'électrique. Il se leva et marchant d'un bout de la salle à l'autre, il répéta ce chant à haute voix et en faisant sonner ses pas sur le pavé. »

Sa vocation lui fut dès ce jour révélée. Ce jeune écolier, à qui les *Martyrs* venaient d'inspirer l'enthousiasme de l'histoire, se nommait Augustin Thierry.

Aujourd'hui, écrivait-il en 1840, si je me fais lire la page qui m'a tant frappé, je retrouve mes émotions d'il y a trente ans. Voilà ma dette envers l'écrivain de génie qui a ouvert et qui domine le nouveau siècle littéraire. Tous ceux qui, en divers sens, marchent dans les voies de ce siècle, l'ont rencontré de même à la source de leurs études, à leur première inspiration ; il n'en est pas un qui ne doive lui dire comme Dante à Virgile.

Tu duca, tu signore, e tu maestro [1].

Si le succès des *Martyrs* ne fut pas éclatant comme celui du *Génie du Christianisme*, on voit qu'il ne laissa pas d'être efficace et fécond. C'est quelque chose à l'honneur d'un livre que d'avoir éveillé le talent critique d'un Guizot ou la vocation historique d'un Thierry.

Autant le succès des *Martyrs* fut contesté, autant celui de l'*Itinéraire de Paris à Jérusalem* ne le fut pas. L'ouvrage conquit d'emblée l'opinion par la verve et la belle humeur du récit, qui firent passer jusqu'à une exubérance de personnalité, qu'on pardonnera aussi à Lamartine dans son *Voyage en Orient*. On fut charmé par la variété des aperçus, par la justesse et l'éclat de la couleur dans ces libres esquisses des ruines de Sparte, de la vue d'Athènes, considérée du haut de la citadelle, au lever de l'aurore, du panorama de Jérusalem, pages merveilleuses où triomphe l'iné- puisable fécondité de ce pinceau que les nombreux tableaux des *Martyrs* n'ont pas fatigué. Revenu par l'Espagne de ce pèlerinage plus profane que pieux, au gracieux rendez-vous qui l'attendait sous les dentelles de marbre de l'Alhambra, l'auteur de l'*Iti- néraire* avait encore gardé, après tant d'emplois abondants et heureux, assez de verve d'imagination,

---

1. Augustin Thierry, *Préface des Récits des temps mérovin- giens.*

de richesse de couleur, pour écrire son dernier roman, ce *Dernier des Abencérages*, « épisode de son second voyage moins célèbre qu'*Atala*, mais non moins impérissable aux yeux des amis de l'art [1] ».

« Rien de plus courtois, de plus accompli comme forme et comme sentiment, rien de plus artistement découpé que ce petit récit à quatre personnages, ajoute Sainte-Beuve. M. de Chateaubriand n'a rien trouvé de plus pur; mais, si je l'ose dire, le tout est trop jeté dans la forme chevaleresque et classique : il y a un peu de sécheresse, de raideur et de maigreur; on est loin de la sève surabondante d'*Atala* [2]. »

Pour en revenir à l'*Itinéraire* dont nous nous sommes un instant détournés, nous dirons que cet ouvrage, « qui passe pour un ouvrage à peu près irréprochable et pour offrir la perfection de la manière littéraire de M. de Chateaubriand [3] », dut son succès non seulement à la variété et à la perfection des tableaux que ce pèlerin d'art plus que de foi était allé peindre sur place et d'après nature, mais encore à l'agréable surprise de contraste, pour le public enchanté, de rencontrer, au sortir des beautés solennelles et grandioses du *Génie du Christianisme* et des *Martyrs*, un homme dans leur auteur, un homme tout différent de celui que supposaient ces débuts extraordinaires, et ces œuvres dont chacune

1. Villemain, p. 157-158.
2. *Chateaubriand et son groupe*, t. II, p. 91.
3. *Ibid.*, p. 69.

avait excité de si retentissants orages. Le Chateaubriand de l'*Itinéraire* ne ressemblait en rien au René
d'*Atala* et de *René* avec lequel on avait voulu l'iden-
tifier. C'était un voyageur de libre allure, de joviale
humeur, heureux de vivre et de poursuivre, sans
autre souci que celui de la poésie et du pittoresque,
sa chasse aux belles images, dépensant gaiement au
profit de son art les 50 000 francs que son art lui
avait permis de mettre à cette superbe fantaisie. « Il
appelle l'*Itinéraire* les *Mémoires d'une année de sa
vie*, et c'en est peut-être la meilleure partie, celle
qui fut écrite à l'heure la plus sentie et la plus heureuse. Il y a de l'esprit dans l'*Itinéraire*. Cela repose
et rafraîchit après tant de solennités [1]. »

Retrouvant, à bien des années de là, en écrivant
ses *Mémoires*, quelque chose de cette humeur riante
et de cette malicieuse alacrité qui l'animaient pendant son voyage, Chateaubriand, par un caprice
dont se scandalise un peu M. Villemain [2], s'est
amusé à rapprocher d'un certain nombre de passages
de l'*Itinéraire* les extraits, correspondants à leur
date, du *Journal*, beaucoup moins littéraire, de son
valet de chambre Julien. Il en résulte des effets de
contraste parfois comiques, dont se divertit tout
le premier l'auteur de ce parallèle facétieux, de ce
commentaire du sublime par le vulgaire, de cette
sérénade ironique. Il eût peut-être trouvé la plai-
santerie mauvaise venant d'un autre. Mais, venant de

1. Sainte-Beuve, p. 74.
2. P. 150.

lui-même, il la trouve excellente. Ce sont là jeux de
prince, souriant aux irrévérences impunies du bouf-
fon. Ce sont là jeux d'homme de génie, trouvant
plaisir à se parodier, à se caricaturer lui-même. Le
trait est à noter, parce que Chateaubriand, ce grand
maître en ironie, l'a le plus souvent moins légère.

Il n'y a pas de traces de cette jovialité, dont le
Voyage en Orient fut l'occasion privilégiée, dans le
Voyage en Italie, l'admirable *Lettre sur la campagne
de Rome*, les notes de la visite à Naples et à Pompéi,
d'une éloquence sévère et d'une grâce mélancolique,
conformes au sujet. On n'en rencontre pas davantage
dans le *Voyage en Auvergne* ou le *Voyage au Mont-
Blanc*, qui complètent le riche bagage de Chateaubriand comme explorateur du théâtre des plus grands
événements de l'histoire ou des plus beaux spectacles de la nature dans l'ancien monde ou le nouveau.

Dans le *Voyage en Auvergne* nous trouvons surtout à signaler des vues neuves — pour le temps —
sur les arts. Dès ce voyage, nous voyons poindre une
antipathie qui s'accusera dans le *Voyage au Mont-
Blanc* et dont les boutades paradoxales sont caractéristiques, contre les paysages de montagne, et surtout
les paysages alpestres. Chateaubriand est l'homme
de la mer. Il n'aime pas la Suisse et ne sent que la
fatigue et le froid de ses sentiers bordés de préci-
pices et de ses sommets de glaciers. Il ne sent pas
la montagne comme J.-J. Rousseau, dont il combat
l'opinion avec âpreté, et qui, lui, ne sentait pas la mer.
Il ne pardonne à la montagne qu'en Grèce, parce

que la lumière d'un soleil enchanteur y dore les
sommets modérés, où la contemplation est sans
vertige, du Pinde ou du Taygète. Les plus grands
esprits ne goûtent pas de la même façon la volupté
de l'infini. Les uns la savourent en hauteur, sur la
montagne, plus près du ciel, les autres en largeur,
sur la mer sans bornes.

Après 1833, quand il fut sorti pour jamais de
l'arène des luttes politiques, Chateaubriand revint
aux études qui consolent la vieillesse après avoir
réjoui la jeunesse. La littérature anglaise, qui avait
eu ses premiers hommages, eut aussi les derniers.
Il voulut se faire l'initiateur du public français aux
caractères et mérites particuliers de cette littérature.
Il voulut lui servir de guide dans les arcanes du
génie de Milton et en explorer les mystérieuses profondeurs en critique et en poète.

Car il se flattait d'être l'un et l'autre, et avec raison. Seulement il était surtout poète en prose. Il a
renouvelé, sous le rapport du nombre et du rythme,
comme sous plus d'un autre, la prose française. Chênedollé l'a remarqué : « Chateaubriand est le seul
écrivain en prose qui donne la sensation du vers ;
d'autres ont eu un sentiment exquis de l'harmonie, mais c'est une harmonie oratoire : lui seul a
une harmonie de poésie. »

Si Chateaubriand était surtout et est en effet le
plus grand poète en prose de notre littérature, ce
n'est pas qu'il fut incapable d'écrire en vers. Au
contraire, il a manié non sans succès, mais sans su-

périorité originale et magistrale, la lyre classique, et il en a fait résonner toutes les cordes, depuis celle de l'idylle et de l'élégie jusqu'à celle du drame lyrique. Car, tenant à justifier ce mot de Fontanes qu'il s'est plu à citer, que, s'il avait voulu, il aurait pu réussir en vers comme en prose, il a composé *Moïse* (ô ennui! noble ennui! dit Sainte-Beuve).

Ce *Moïse* faillit être joué au Théâtre-Français sous le proconsulat Taylor, et Chateaubriand, alors ambassadeur à Rome, ne croyait pas acheter trop cher cet honneur en contribuant aux frais et aux risques pour une somme de 15 000 francs. Cette combinaison, qui se partage avec de plus graves intérêts politiques et de plus tendres intérêts de cœur, ses préoccupations et sa correspondance de 1828, échoua, et la représentation dut être échangée contre sa très pâle monnaie : une lecture solennelle pourtant, dans le salon de Mme Récamier, lecture commencée par Lafon, continuée par l'auteur justement mécontent de son interprète, au bruit d'applaudissements sur lesquels il ne se faisait qu'à demi illusion. Le *Moïse* de Chateaubriand fut son erreur comme le *Saül* et le *Toussaint Louverture* furent l'erreur de Lamartine. Mais l'erreur de Lamartine fut celle d'un grand poète malgré tout. Il ne s'était trompé que comme auteur dramatique. *Moïse* fut l'erreur d'un poète qui n'était grand qu'en prose, quoiqu'il ait trouvé quelques beaux vers. On lui doit aussi d'heureuses découvertes de critique en poésie. Il a eu l'honneur de commencer par la publication

de quelques fragments de cet auteur encore inconnu,
la révélation du talent et la gloire d'André Chénier.
Enfin il a fait preuve d'un sentiment très supérieur
à son temps de la valeur historique et littéraire des
chants et des poésies populaires.

Cette sagacité critique d'un poète capable d'inspiration, même en vers, sa connaissance parfaite,
fruit d'un long séjour à Londres, de la langue et de
la littérature anglaises, donnaient un intérêt particulier à ses essais sur ce sujet et à sa traduction
du *Paradis perdu*. Ces deux ouvrages complètent
le cycle purement littéraire de la vie de Chateaubriand.

Sans être indignes de lui, ni l'un ni l'autre de ces
ouvrages ne portent la marque de son génie. Ils ne
furent toutefois pas sans quelque succès. Rien de
ce qui était signé de ce grand nom ne pouvait passer
inaperçu. Publié en 1836, l'*Essai sur la littérature
anglaise et Considérations sur le génie des hommes,
des temps et des révolutions* avait eu en 1839 trois
éditions. Nous y trouvons, à côté d'extraits des *Mémoires* sur les hommes d'État de la fin du XVIIIe siècle
en Angleterre, et sur le séjour de l'auteur à Londres, des études rapides et même un peu écourtées
sur les premiers âges de la littérature anglaise, sur
Shakespeare, Beattie, Walter Scott et lord Byron.

L'auteur apprécie le génie de lord Byron avec
impartialité; il en distingue très bien les côtés sin-
cères et naturels et les côtés artificiels. Il relève
avec une certaine aigreur les dettes qu'a contractées

envers *René* et l'*Itinéraire* le poète de *Childe-Harold*, dettes dont il ne s'est pas souvenu, car il a affecté de ne pas même prononcer le nom de Chateaubriand. Est-ce par ingratitude ou par représailles? Car au lendemain de la publication d'*Atala*, Chateaubriand confesse avoir reçu une lettre de Cambridge, signée : *G. Gordon, lord Byron*. Lord Byron avait alors quinze ans. Cette lettre, arrivée au milieu de l'enivrement du succès, est peut-être demeurée sans réponse. De là le rancunier silence du poète.

Arrivant à sa traduction du *Paradis perdu*, Chateaubriand déclare qu'il y a trente ans qu'il lit, relit et traduit Milton. Il cherche à justifier, comme étant le meilleur, le parti qu'il a pris d'une traduction littérale. « Une traduction interlinéaire serait la perfection du genre, si on pouvait lui ôter ce qu'elle a de sauvage. » Ce système d'une traduction littérale n'a pas paru le plus heureux. Ce décalque où le traducteur « se colle à son sujet » n'a pas semblé digne d'un écrivain qui avait le droit de traiter Milton sur le pied de liberté et d'égalité du génie, au lieu de s'astreindre à une fidélité servile.

Le malheur de Chateaubriand, pour le sort devant la postérité de ses *Essais sur la littérature anglaise*, c'est qu'après lui est venue la grande et belle *Histoire de la littérature anglaise*, où M. Taine a magistralement traité, sinon épuisé ce sujet que le traducteur de Milton n'avait fait qu'effleurer.

CHAPITRE III

HISTOIRE
1831-1848

Dès 1809, l'auteur des *Martyrs*, dans le chant XXIVe, faisait ses adieux à la Muse : « C'en est fait, ô Muse ! encore un moment et pour toujours, j'abandonne tes autels ! je ne dirai plus les amours et les songes séduisants des hommes : il faut quitter la lyre avec la jeunesse. » Il faut la jeunesse en effet à la poésie et à l'amour, aux voyages et aux romans, aux œuvres d'imagination et de sentiment. La passion de la virilité, c'est l'ambition, c'est l'action, l'empire non seulement sur les rêves, mais sur les réalités, non seulement sur les idées, mais sur les faits, la gloire de participer non seulement au gouvernement des esprits, mais à la conduite des affaires publiques. Sorti de la littérature, Chateaubriand, qui avait toutes les curiosités et toutes les ambitions d'un génie avide de nouveauté et de domination, se jeta dans la politique, nous savons avec quelles alternatives de revers et de succès, quels

contrastes de triomphe et de disgrâce, quelles illusions et quels désabusements.

Arrivé à l'âge de la retraite et des recueillements
suprêmes, Chateaubriand consacra le reste de ses
forces aux travaux sévères qui conviennent aux
mélancolies de la vieillesse, de l'expérience, de la
sagesse. Il se réfugia dans le passé contre les dégoûts
du présent, les craintes de l'avenir. Il demanda ses
consolations vengeresses à la recherche de la vérité
et de la justice sur les événements et les hommes
qui ont présidé à la fondation de la société chrétienne
sur les ruines du monde païen, à la formation de la
société française et des institutions nationales.

Il ne se borna pas à rechercher ces leçons du
passé sur les temps où il n'avait pas vécu; il voulut
aussi fournir à l'histoire de son temps et de sa vie
son témoignage. Il goûta, dans leur douceur et
leur amertume, les plaisirs du souvenir. Il acheva
d'écrire et de reviser ses *Mémoires*. Il initia le futur
lecteur aux secrets de la genèse de ses ouvrages,
aux mystères de sa vie intime et de ses vicissitudes,
non sans y laisser des voiles de coquetterie ou de
discrétion. Jaloux aussi de sa réputation comme
homme politique et public, il consacra un livre à la
fois solennel et familier, qui tient de l'histoire et des
Mémoires, à faire l'apologie de son ministère et de la
guerre d'Espagne, à révéler, en brisant les sceaux
du hiératisme diplomatique, en déchirant les bande-
lettes du secret d'État, les dessous de cartes de cette
partie audacieuse, gagnée, en dépit des hasards

défavorables, par suite de ce jeu hardi plus encore qu'habile qui n'hésita jamais à risquer le va-tout.

Enfin, en 1844, obéissant à un vœu de son directeur de conscience, Chateaubriand septuagénaire, malade et dévot autant qu'un pareil homme, fier même avec Dieu, pouvait l'être, écrivit la *Vie de Rancé*, passé du monde à la retraite, du péché au repentir, des ambitions de la terre à l'espérance du ciel. Il fit, sans tenir assez compte de la vérité historique, de Rancé une sorte de René foudroyé, repentant non sans murmure, converti non sans révolte et ne se rendant pas au premier coup, portant dans le cloître l'humilité superbe du gentilhomme et du soldat avec la grâce mélancolique du courtisan qui ne fait plus la cour qu'à Dieu. Il se mira dans cette dernière image, et la trouva ressemblante au peintre sinon au modèle.

Il y a dans cet ouvrage de décadence, de pénitence, mais de décadence à la Corneille, de pénitence à l'espagnole, avec des restes récalcitrants de jeunesse, d'orgueil et d'amour, plus d'une belle page, plus d'un éclair de l'ancien style.

Mais enfin les ouvrages historiques de Chateaubriand sont de sa vieillesse, de sa troisième et dernière manière, qui n'est pas la meilleure. Les défauts y balancent les qualités.

Aussi la critique a-t-elle, mais un peu trop, négligé les derniers ouvrages de Chateaubriand, sauf les *Mémoires*. Ceux-ci ont été revus et corrigés pendant sa vieillesse, mais écrits pendant sa virilité, et

ils le prouvent par des verdeurs et des âpretés, et
aussi par des grâces et des charmes devant lesquels
la colère des oubliés ou des maltraités a pu regimber,
mais qui ont ravi parfois l'admiration des lecteurs
plus désintéressés.

Les *Études historiques*, écrites hâtivement et fié-
vreusement publiées dans les circonstances les moins
faites pour favoriser un succès, c'est-à-dire au lendemain de la révolution de 1830, portent la marque
et ont subi la peine de ces origines douloureuses, de
cette apparition inopportune. L'auteur, lié par des
engagements antérieurs à la révolution, envers les
acquéreurs de ses œuvres, n'avait pu se dérober à
ces engagements, ni obtenir délai ou date plus propice. Il avait donc dû jeter son ouvrage au milieu de
la tempête populaire encore grondante, trop heureux
d'éviter, grâce au prestige d'un grand sujet et d'un
grand nom, un complet naufrage à ce navire, lancé
par un temps orageux et sous un vent de disgrâce.

. L'ouvrage ne se compose donc guère que d'esquisses. Mais ce sont des esquisses de maître, dont
plus d'une vaut un tableau. On est étonné de la
puissance et de la largeur de ces croquis historiques, souvent inachevés, mais rehaussés de-ci de-là,
de touches du pinceau épique. On admire leur verve
de ressemblance et d'expression, leur magie d'évo-
cation et de résurrection, surtout lorsqu'on songe
qu'à leur date la nouvelle école historique, celle que
devaient illustrer les Guizot, les Augustin et les
Amédée Thierry, les Mignet, les Michelet, les Ba-

rante, n'avait encore donné que de premiers quoique
éclatants signes de vie, qu'elle cherchait encore ses
directions et ses voies. Les intuitions et les divina-
tions superbes des *Études historiques* permettent à
leur auteur de se considérer, là encore, sur ce terrain
de l'histoire, dont il déclare avoir toujours eu la
passion, la vocation, et sans doute le génie, comme
un précurseur de la science nouvelle, de l'art nouveau. C'est avec la conscience de ce service trop peu
récompensé, que Chateaubriand, dans ses *Mémoires*,
a dit que, de ses ouvrages, les *Études historiques*
avaient été « le moins loué et le plus pillé ».

Si les circonstances étaient peu favorables au
succès d'un ouvrage du genre des *Études historiques*,
la façon un peu dédaigneuse avec laquelle l'auteur
traitait lui-même son œuvre et secouait ses épaules
enfin délivrées du fardeau d'une pénible corvée,
n'était pas faite pour conjurer cette disgrâce. Il y a
bien des manières d'être modeste, y compris celle
qui consiste à l'être ou à vouloir le paraître par
orgueil. Celle-là, qui affecte de dénigrer son ouvrage, espérant provoquer ainsi un mouvement de
flatteuse contradiction, est parfois punie par où elle
a péché. Le public n'est que trop disposé à prendre
au mot un auteur qui dit du mal de son œuvre.
Le cas est si rare. Villemain regrette la mauvaise
humeur d'une tâche ingrate qui a poussé Chateaubriand à se faire le détracteur de son propre génie
et à prendre en dégoût, en grippe, une œuvre digne
d'un meilleur sort que cette disgrâce paternelle. Il

reconnaît que « l'exécution hâtive d'un engagement
forcé explique, sur quelques points, ce qui peut
manquer de liaison dans les parties, d'exactitude
approfondie dans les détails, à travers les splen-
dides efforts et les rapides ébauches d'une inspiration qui renaît par moments [1] ». Un critique qui connaissait bien le maître, ayant été admis par lui, après
M. Villemain, à l'honneur de sa confiance et de son
intimité, caractérise de même ce qui manque aux
Études historiques, mais aussi ce qu'elles possèdent.
« Ébauches, dit-il, mais quelles puissantes ébauches
que les *Études historiques*! que de beaux fragments!
que d'idées hardies et neuves, dont plus d'un a pro-
fité sans le dire, se détachent au milieu des parties
faibles de cet édifice inachevé [2] ! »

Dans un autre ouvrage, le *Congrès de Vérone*,
Chateaubriand a publié le récit, appuyé sur les
pièces justificatives, de son ministère et de sa chute.
C'est, pour la vie politique de Chateaubriand, un
avant-courrier de ses *Mémoires*, auquel l'auteur du
Congrès de Vérone fait de nombreux emprunts, à
moins que les *Mémoires* n'aient eux-mêmes emprunté
au *Congrès de Vérone*. Il y a, en tous les cas, de fré-
quents rapports d'identité entre les deux ouvrages.
D'ailleurs l'ouvrage sur le *Congrès de Vérone* mérite
nos éloges par des caractères particuliers et une
puissance de verve et d'originalité dont nous regret-

1. Villemain, p. 504.
2. Louis de Loménie, de l'Académie française, *Esquisses
historiques et littéraires*, p. 309.

tions les défaillances et les éclipses dans la composition et dans l'exécution des *Études historiques*, mais que nous retrouvons ici plus vivace que jamais.

L'appréciation bienveillante de Villemain a scandalisé quelque peu Sainte-Beuve qui a vu surtout dans le *Congrès de Vérone* une publication « indiscrète », aux « étranges amalgames » et au « panache d'exubérante et parfois agaçante personnalité [1] ».

Nous sommes de l'avis de M. Villemain. Pour nous, le *Congrès de Vérone* est le plus remarquable et le plus curieux des ouvrages historiques de Chateaubriand. On ne lui a pas assez rendu justice. Il fut publié en 1838, et le public de cette époque, distrait ou hostile aux choses de la Restauration, parut plus scandalisé que séduit par cette surprise de voir un ancien ministre, qui en appelait, de son vivant, à la postérité sur des événements datant à peine de quinze ans, et, avec une indiscrétion courageuse selon les uns, téméraire selon les autres, mettait sous les yeux du public des documents considérés jusque-là comme inviolables.

Qu'aurait-on dit si l'ouvrage eût paru tel qu'il avait été composé, sans les sélections et les éliminations, parmi les lettres destinées tout d'abord à l'impression, que les scrupules et les représentations de ses amis, de son éditeur M. Delloye et de plusieurs membres de la société formée pour l'acquisition et l'exploitation de ses œuvres finirent

1. Sainte-Beuve, *Chateaubriand et son groupe*, I, 163, II, 101.

par obtenir de M. de Chateaubriand? Ce n'est pas
sans répugnance et sans résistance qu'il se résigna
au sacrifice, longtemps disputé et accordé de mauvaise grâce, de deux volumes sur quatre [1].

Chateaubriand se dédommagea de ce sacrifice de
divulgations jugées excessives, en ne se refusant
rien, dans son récit, de la franchise et de la passion
qui y coulent et même y débordent de façon à le
consoler d'un long silence, à le venger d'une
longue injustice. C'est avec une passion qui n'est
pas seulement celle de la vérité que Chateaubriand,
levant tous les voiles, expose, explique et défend
cette guerre d'intervention en Espagne, qu'il considère comme le chef-d'œuvre de sa carrière ministérielle. Il se montre plus jaloux de sa gloire politique
que de sa gloire littéraire. Il faut convenir avec lui
qu'il avait eu plus de peine, même après le succès
de son entreprise, à se faire accepter comme homme
d'État, qu'il n'en avait eu avant à se faire proclamer
grand écrivain. Et cela, en vertu de ce préjugé d'incompatibilité entre le génie littéraire et le génie
politique, contre lequel il proteste, en toute occasion, dans ses ouvrages, notamment dans celui qui
nous occupe, en homme qui en a souffert.

Aussi n'est-ce pas sans une satisfaction malicieuse
qu'il constate et prouve qu' « en politique il valait
autant qu'en littérature », en dépit de l'horoscope
des esprits positifs et de leur préjugé contre le

1. M. de Marcellus, *Chateaubriand et son temps*, p. 224-227.

double talent et l'aptitude hors de carrière [1] ».

Pour justifier ses prétentions et sa satisfaction d'un succès dont Canning ne se consola jamais, et dont l'Angleterre prit le deuil, Chateaubriand convient que son entreprise, qui visait bien au delà de son but, était des plus aléatoires et il n'exagère pas, car on peut dire qu'elle eut longtemps presque toutes les chances contre elle. On tremble avec lui doublement sur le danger que courut plus d'une fois non seulement le ministre, mais la France, qu'il entraînait avec lui. C'était trop risquer, et c'est à peine si le succès l'absout de cette « témérité d'une aventure » qu'il appelle lui-même la « folie de la guerre d'Espagne [2] ».

Ces aveux, qui tendraient à faire considérer l'auteur de la guerre d'Espagne comme un joueur heureux plus encore que comme un politique habile, ont besoin d'être relevés et réhabilités à nos yeux par les desseins et les ambitions chimériques peut-être, mais en tout cas d'un patriotisme grandiose, qu'il dissimulait derrière des apparences modestes, sauf à les démasquer au moment favorable. On ne peut s'empêcher de sourire, mais certes pas de mépris, en recevant la confidence des illusions généreuses qui hantaient le cerveau de Chateaubriand, et qu'il mêlait à des vues très perçantes et très pratiques à la fois sur la situation. On ne saisit pas très bien comment Chateaubriand voyait dans

1. *Congrès de Vérone*, I, 55.
2. *Ibid.*, t. II, p. 188-190.

cette infusion de gloire à la légitimité, « qui se mou-
rait, faute de victoires », un moyen d'arriver à
l'abrogation des traités de 1815, « dont il avait l'horreur », et à nous faire rendre la frontière du Rhin.
Il s'explique un peu vaguement à ce sujet en rejetant la faute de cet échec de ses desseins sur sa
chute, qui ne lui a pas permis de faire naître ou
d'attendre une occasion décisive.

On comprend néanmoins qu'il comptait beaucoup
sur l'appui de l'empereur Alexandre, dont il avait,
au congrès de Vérone, fait la conquête, et qui ne
l'avait pas moins conquis lui-même, grâce à ce charme
de séduction que tous deux savaient déployer et
rendre irrésistible. Le futur ministre des affaires
étrangères avait emporté de ses conversations avec
le tsar une grande idée de l'homme et du souverain.
Il n'hésite pas à dire qu'Alexandre est, « après
Bonaparte, la plus grande figure historique de la
période napoléonienne » et « qu'il est le seul prince
pour qui il ait jamais éprouvé un sincère attache-
ment, se réduisant à être pour les Bourbons res-
pectueux et fidèle : n'est-ce pas assez ? »

C'était assez, selon Chateaubriand, surtout en ce
qui touchait Louis XVIII, qui ne l'aimait pas, « qui
avait à son endroit de la jalousie littéraire ou
plutôt de l'antipathie de classique à romantique ».

L'ouvrage, c'est là surtout son mérite et son attrait, est une galerie de tableaux et de portraits, dont
quelques-uns sont achevés. Dans le nombre des
meilleurs, il faut citer précisément ces portraits

d'Alexandre et de Louis XVIII qui sont d'une intimité et d'une intensité de vie tout à fait magistrales. Metternich, Wellington, le duc de Montmorency, le duc de Broglie, Royer-Collard, M. de Martignac, le général Foy, Canning, Robert Peel, lord Brougham sont aussi dessinés ou peints d'une main légère et sûre, aguerrie à l'art des ressemblances avivées d'une touche ou d'un trait ironique.

La remarque peut s'appliquer particulièrement au portrait de M. de Villèle, où l'auteur cherche et trouve dans une sorte d'impartialité dédaigneuse, dans une modération qui consiste à laisser deviner ce qu'elle ne dit pas, une vengeance raffinée. C'est ainsi qu'il dira qu'il avait des qualités, « mais que ces qualités mêmes gênaient son regard ». En songeant à leurs divisions et à leurs conséquences, Chateaubriand est amené à des déclarations contradictoires, paraissant tantôt s'humilier jusqu'au repentir, puis se redressant soudain pour rejeter fièrement et amèrement sur la monarchie, sur son aveuglement, sur ses fautes, la responsabilité d'une chute attribuée injustement aux suites fatales des dissensions de ses deux principaux ministres.

Nous arrivons tout naturellement, par les éloquences et les amertumes d'un orgueil non désespéré mais exaspéré et parfois exaspérant, qui marque de la griffe du lion en colère les tableaux et les portraits du *Congrès de Vérone*, à cet autre vaste recueil de souvenirs et de confidences, à cette autre immense galerie de tableaux de toute dimension, de

tout style, depuis les tableaux épiques jusqu'aux
tableaux de genre, de portraits de toute sorte depuis
le portrait en pied jusqu'à la miniature, qui s'appelle
les *Mémoires d'Outre-Tombe*.

C'est l'œuvre favorite de Chateaubriand, celle
qui, par son sujet, convenait le mieux à son caractère et à son talent; et par les qualités comme par
les défauts qui s'y développent dans toute leur
envergure, c'est son œuvre maîtresse et peut-être la
plus durable.

Il a commencé à l'écrire le 4 octobre 1811, à quarante-trois ans. Il a achevé de la reviser et de la
corriger le 25 septembre 1841, à soixante-treize ans.

Pendant trente et un ans, cette œuvre testamentaire, consolatrice de ses tristesses, vengeresse de
ses blessures, conservatrice de sa mémoire, est
demeurée sur le métier. Elle contient Chateaubriand
tout entier; elle porte la marque successive de ses
trois manières. Elle la porte dans ses beautés et
dans ses défauts exagérés, agrandis, élevés à leur
plus haute puissance par les inévitables grossisse-
ments, les écarts presque inconscients du travail
solitaire, mystérieux, agité par les secousses d'une
existence pleine de vicissitudes, de contrastes, de
contradictions, d'une existence, a-t-il dit lui-même,
« à scènes, à changements de décoration, sans cesse
menacée du coup de sifflet qui la transporte d'un
palais dans un désert, du cabinet des rois dans le
grenier du poète ».

Cette œuvre, caressée pendant trente et un ans, à

peine déflorée par de rares communications, dans ce salon de cénacle, qui prenait ces soirs-là des solennités de sanctuaire, où ne manquaient ni les fleurs, ni l'encens, M. de Chateaubriand la destinait à une publication seulement posthume. Il réservait cette histoire de sa vie, lentement et amoureusement ciselée, pour parer d'une statue aux ressemblances idéales la tombe de sa mémoire, ainsi assurée des respects et des admirations de la postérité.

L'œuvre devait éclater, triomphale ; la statue devait être dévoilée pour l'immortalité, comme l'âme et la vie qu'elle fixait dans les attitudes héroïques, le lendemain du retour du cortège funèbre revenant d'ensevelir, avec les tristesses de l'adieu, consolées par la gloire, les restes mortels du grand homme dans le sépulcre de granit du Grand-Bé, orné d'une croix et d'un nom, digne symbole d'une vie inspirée par la solitude, agitée et purifiée par la tempête.

Toute cette suprême mise en scène avait été combinée en vue de son effet, avec l'art consommé de ce grand désabusé de toutes les vanités, excepté de celle de la gloire, qui savait le rôle joué dans les succès humains par l'occasion, l'à-propos. Aussi, de même qu'il s'était arrangé pour publier le *Génie du Christianisme* la veille de la promulgation du Concordat, il avait pris ses mesures pour que ses *Mémoires* parussent le lendemain de sa mort, au milieu de l'attention et du respect religieux assurés à ce témoignage sorti de la tombe, avec le privilège d'inviolabilité des paroles testamentaires.

Mme Récamier, complice de ces ambitions d'une vieillesse jalouse d'une mort grandiose, avait fait du succès des *Mémoires* l'œuvre principale de sa vie. C'est dans ce but qu'elle avait organisé ces lectures qui étaient un événement littéraire et mondain, où quelques privilégiés seuls étaient admis, où les représentants de la critique payaient une hospitalité flatteuse en abdiquant leur indépendance, en désarmant dès le seuil entre les mains de la maîtresse de la maison, de cette fée de l'Abbaye-aux-Bois, s'associant avec attendrissement à son désir de ménager au grand homme appauvri, affaibli, attristé, cette consolation de goûter de son vivant les prémices de la gloire à venir.

Tout cela était à merveille. Seulement, quand on prévoit de si loin, il arrive qu'on a tout prévu hormis l'imprévu. Les plus habiles se trompent et les combinaisons de Talleyrand pour saisir la postérité de son procès au meilleur moment, n'ont pas été plus heureuses que celles de Chateaubriand.

Qu'advint-il en effet? Tout ce qui pouvait être le plus malencontreux, le plus défavorable, tout ce qui devait changer la victoire en défaite et le triomphe en désastre.

Les *Mémoires d'Outre-Tombe*, par une première déception, une première ironie, presque un premier ridicule, furent publiés non le lendemain, mais la veille de la mort de leur auteur. Ce furent des *Mémoires d'Avant-Tombe*, parus plusieurs mois avant que les Parques, « mes derniers éditeurs », disait

Chateaubriand, eussent fait œuvre de leurs ciseaux.
Les *Mémoires* furent publiés au lendemain de la révolution de Février, à la veille de la révolte sociale de
Juin, par l'impatience aveugle d'éditeurs moins
impassibles et moins désintéressés que les Parques.
Ils furent publiés, non en volumes destinés à satisfaire dans la paix recueillie de la solitude la curiosité
d'une longue et pieuse attente; ils furent publiés en
feuilletons dans un journal, dans la *Presse*.

Ce livre puissant et terrible, où l'orgueil et les
rancunes de Chateaubriand se donnaient pleine carrière, où tant de contemporains étaient maltraités,
où l'un d'eux disait avec quelque hyperbole qu' « il
n'y avait d'épargnés que les oubliés », démasquait
inopportunément la batterie de ses colères, de ses
vengeances, de ses représailles en pleine efferves-
cence de révolution et de réaction, mêlant le bruit
de son canon scandaleux au bruit sinistre et menaçant de la mousqueterie et de l'artillerie d'une
guerre de rues et de barricades.

Chateaubriand avait en vain protesté contre cette
exploitation aussi maladroite que cynique de son
œuvre. Ses acquéreurs, fatigués de payer pension à
une longévité onéreuse, redoutant, au lendemain de
la révolution, de ne plus trouver de longtemps une
occasion de tirer parti de leur propriété, avaient
écouté, par crainte d'être obligés d'en subir de pires,
les propositions d'Émile de Girardin, un *impresario*
de la presse, qui s'inquiétait plus de frapper fort que
de frapper juste.

Cette histoire lamentable de la publication des *Mémoires d'Outre-Tombe* n'était pas moins nécessaire que celle de leur composition. La lenteur de la composition explique les défauts et les disparates, l'absence d'unité et d'harmonie. La hâte malencontreuse et la forme insolite de la publication en feuilletons de journal expliquent les vicissitudes de la fortune littéraire d'une œuvre qui a dû triompher, pour reprendre son rang, de préventions et de rancunes coalisées contre son succès. Elles faillirent faire de ce qui devait être le plus grand triomphe du siècle, son plus grand naufrage, et ménager à l'impitoyable adversaire de Louis-Philippe une déchéance pareille à celle du roi-citoyen, si maltraité par un royaliste qui n'a d'ailleurs guère épargné davantage le roi-patriarche ou le roi-chevalier.

La critique rompit avec fureur les liens d'un long enchantement et se dédommagea de l'attente trompée de ses flatteries ou de ses silences. L'œuvre nouvelle fut flagellée par Sainte-Beuve et Nisard, oublieux de leurs pieux enthousiasmes et de leurs baisers d'hommage de 1834. Elle rencontra dans un abord qui fut un choc un public inquiet, troublé, à l'un de ces moments où le mécontentement universel cherche une victime expiatoire à sacrifier à l'impopularité. Les *Mémoires* faillirent jouer ce rôle. Et le navire, pour être renfloué, et aborder enfin au havre de grâce et de justice, eut besoin de toute sa solidité et des efforts intrépides d'admirateurs aussi dévoués que les détracteurs étaient implacables.

Parmi ces sauveteurs auxquels le temps a donné raison, se distinguèrent par un zèle pour une grande mémoire, auquel ne fut pas étrangère une gracieuse et pour eux toujours magique influence, MM. Charles Lenormand et de Loménie.

Les détracteurs des *Mémoires* leur ont reproché leurs inégalités et parfois leurs disparates de ton, leurs contradictions, leur débordement de personnalité, leur exubérance d'orgueil, à faire paraître Saint-Simon et J.-J. Rousseau modestes, les idolâtriques complaisances de l'auteur pour lui-même, ses sévérités implacables pour les contemporains, ses outrances de colère, de haine et de mépris, ses férocités de rancune et de représailles.

Ils ont fait remarquer que ces *Mémoires* commencés en 1811, à quarante-trois ans, poursuivis et retouchés sans cesse par l'auteur pendant trente ans, ne nous donnaient jamais ses souvenirs dans leur fraîcheur première, sous l'impression à peine émoussée des faits, mais ses souvenirs affaiblis, modifiés, arrangés, *romancés*, à cette distance des événements qui en change les proportions, en efface le détail, les pare des poésies mais aussi des mensonges du lointain; de sorte que le récit perd de sa probité, que l'imagination y a plus de part que la mémoire, et qu'on y admire le talent de l'artiste, sans pouvoir s'y fier à la fidélité du témoin.

Les défenseurs des *Mémoires* ont répondu que Chateaubriand portait injustement la peine d'une publication anticipée, inopportune, contraire aux

conventions, contre laquelle il avait protesté dans
son testament, et qui avait été le dernier grand chagrin de sa vie, dont il avait hâté la fin ; que lui faire
grief de la personnalité, de l'égoïsme même, de
l'âpreté d'orgueil, de l'ardeur de haine, de la féro-
cité de représailles qui respirent dans ses *Mémoires*
et les animent de leur flamme sombre, c'était se
plaindre de trouver dans un auteur les qualités et
les défauts du genre ; que si les hommes ayant joué
un rôle ou ayant manqué d'un rôle conforme à leur
génie écrivent leurs *Mémoires*, c'est précisément
pour en appeler à la postérité de l'injustice des
hommes ou de l'ingratitude de leur destinée ; qu'on
écrit ses *Mémoires* pour se dédommager de ses
déceptions, pour s'en consoler, pour s'en venger,
pour se mirer dans une image de sa vie conforme à
la vanité des prétentions ou des regrets, si elle ne
l'est pas toujours à la réalité des faits. En un mot, on
fait toujours ses *Mémoires* non seulement pour soi,
mais contre les autres.

C'est ce caractère d'ambition posthume, de vengeance rétrospective, c'est cette ténacité d'orgueil,
cette persistance de colère, ce souffle militant, ce
fiel vengeur qui donnent aux Mémoires de Retz, de
Saint-Simon, aux confessions de Jean-Jacques leur
sel amer, leur saveur piquante. Comment s'étonner
de trouver dans ces testaments de personnages à la
mémoire militante comme leur existence ces défauts
que compensent des qualités de puissance, d'éloquence, de vie, que la passion peut seule donner,

cette sincérité d'orgueil et de haine préférable à une
hypocrisie d'humilité, à une affectation de modestie
qu'on blâmerait bien plus encore? Comment s'étonner enfin de trouver ce qu'on cherche, la curiosité
humaine étant surtout faite de malignité, dans ces
œuvres qui ne sont pas moins immortelles par la
satisfaction qu'elles donnent à cette malignité, que
par le plaisir plus noble et plus élevé qu'elles pro-
curent aux admirateurs des prodiges de la couleur
et des miracles du style? Chateaubriand orgueil-
leux, vindicatif, mais généreux, et aussi prodigue
de ses pardons que de ses mépris, c'était Chateaubriand sincère, fidèle à lui-même, tel qu'il était et
tel que seulement il pouvait être. Il n'y avait donc
pour ses lecteurs habituels aucun droit de s'étonner
ni de se plaindre de trouver personnel, égoïste même,
se donnant volontiers en exemple, et s'immolant
volontiers les autres, « l'auteur de l'avènement du
moi en littérature », l'auteur de ce *René*, qu'on
retrouve dans tous ses ouvrages, surtout dans le dernier, à ce point qu'on a pu dire que « les *Mémoires*,
c'est encore René, avec les pièces justificatives [1] ».

Quant au grief tiré des inégalités de style, des
dissonances de ton, des contradictions entre les
témoignages, reprocher à l'auteur l'abus, parfois
sensible, de la correction, de la retouche, l'excès des
repeints, dans ce tableau de sa vie demeuré trente
ans sur le chevalet, ce serait lui reprocher d'avoir

1. M. Paul Albert.

13

subi l'influence du milieu, de l'air ambiant, de la mode régnante, à laquelle les plus grands, les plus forts, les plus fiers n'échappent pas entièrement. De là certainement quelques défauts, quelques affectations, parfois puériles, d'archaïsme ou de néologisme. De là aussi d'heureuses inspirations, et de ces effets, de ces beautés qu'on ne trouve qu'à la condition de les chercher longtemps. Une épreuve qui n'a pas été décisive a été faite sur les trois premiers livres des *Mémoires*, publiés d'après leur rédaction primitive, sur un manuscrit de 1826, et comparés avec le texte définitif, publié en 1849 [1].

Parfois on peut regretter les retouches; plus souvent on est obligé de reconnaître qu'elles n'ont été ni inutiles ni malheureuses. C'est l'avis de M. de Loménie [2].

Au fond, les défenseurs des deux thèses adverses que nous venons de résumer et de discuter ne sont pas aussi loin de s'entendre qu'il le semblerait au premier abord. Il ne s'agit après tout entre eux que de la mesure, que du degré dans le blâme ou dans la louange. M. de Loménie conclut en ces termes :

Le monument posthume de Chateaubriand ne vivra pas seulement comme une œuvre d'art puissante et originale, malgré ses inégalités et ses bizarreries; il vivra aussi comme expression d'un caractère qu'on peut aimer plus ou moins, mais dont on ne saurait contester la puissance et l'origina-

1. *Esquisse d'un maître. Souvenirs d'enfance et de jeunesse de Chateaubriand*, manuscrit de 1826, suivi d'une étude par Charles Lenormant, membre de l'Institut, 1874.

2. *Esquisses historiques et littéraires*, par Louis de Loménie, de l'Académie française, 1879.

lité. Il ne vivra pas seulement à cause de l'immense talent de l'écrivain, mais encore parce qu'il est souvent empreint de ce genre d'éloquence si bien défini par les anciens : le son que rend une grande âme.

Ce jugement, auquel nous adhérons, n'est pas trop contredit par celui de Sainte-Beuve.

Les *Mémoires* sont peu aimables en effet, et là est le grand défaut. Au milieu des veines de mauvais goût et des abus de toute sorte, on y sent à bien des pages le trait du maître, la griffe du vieux lion, des élévations soudaines à côté de bizarres puérilités, et des passages d'une grâce, d'une suavité magiques, où se reconnaissent la touche et l'accent de l'enchanteur [1].

C'est le même critique qui a dit ailleurs :

Ces *Mémoires*, après tout, sont sa grande œuvre, celle où il se révèle dans toute sa nudité égoïste, et aussi dans son immense talent d'écrivain. Tel qu'il est, ce livre est quelque chose d'unique.

Enfin c'est au même critique que nous devons la communication d'une lettre qui contient sur les *Mémoires* une appréciation d'une vivacité familière mais expressive, où, la part faite au blâme, il en reste une assez belle faite à l'éloge et même à l'admiration.

Et pourtant, malgré l'affectation générale du style, qui répond à celle du caractère, malgré une recherche de fausse simplicité, malgré l'abus du néologisme, malgré tout ce qui me déplait dans cette œuvre, je retrouve à chaque instant des beautés de formes grandes, simples, fraîches, de certaines pages qui sont du plus grand maître de ce siècle, et qu'aucun de nous, freluquets formés à son école, ne pourrions jamais écrire en faisant de notre mieux.

Cette lettre est de George Sand.

1. *Causeries du lundi*, t. I, les *Mémoires d'Outre-Tombe*.

CONCLUSION

Et maintenant, quels ont été les caractères essentiels, originaux, du génie et de l'œuvre de Chateaubriand ?

Que restera-t-il de cette œuvre ?

Sur quels talents et quels ouvrages s'est étendue l'influence du maître ?

Cette influence dure-t-elle encore ?

Nous répondrons brièvement à ces questions, en appuyant notre opinion, qui résulte, pour le lecteur, de toutes les pages de cet *Essai*, sur celle des juges les plus autorisés de notre temps, et en soumettant dans ce but à une consultation en règle les plus brillants représentants de la critique française.

Que restera-t-il de l'œuvre ?

Il en restera, malgré les défectuosités du plan et de l'exécution, mais grâce au prestige historique d'un livre qui a été un événement, et encore plus aux nouveautés et aux beautés de la forme, le *Génie du Christianisme*. Il en restera *Atala*, *René*, toute la partie descriptive, narrative, historique et drama-

tique des *Martyrs*, l'*Itinéraire*, le *Voyage en Amérique*
et le *Voyage en Italie*, des fragments des *Natchez* et
des *Études historiques*, le *Congrès de Vérone* et les
Mémoires d'Outre-Tombe. En somme, la plus grande
partie de l'œuvre demeure et demeurera debout.

Ce qui en reste et en restera aussi, c'est l'influence
de l'œuvre du maître sur des élèves, devenus maîtres
à leur tour, qui sont sortis de son école, qui sont
les enfants de cette grande famille historique, artis-
tique et littéraire dont il est le chef incontesté.

Les suffrages de la grande majorité des critiques
et des écrivains de ce temps confirment les conclu-
sions que nous venons de formuler.

Nous commençons cette revue sommaire, qui ne
sera pas sans contrastes inattendus et piquants, par
les deux plus illustres élèves de Chateaubriand,
Victor Hugo et Lamartine. Ils ont tous deux, mais
en quels termes différents! salué cette suzeraineté
du génie et prêté leur hommage d'admiration, le
premier avec ces hyperboles et ces éloges dithyram-
biques qui n'étaient peut-être pas sans réticences
muettes [1], le second avec des réserves malignes et
jalouses, qu'il n'a pas eu le bon goût de dissimuler.

Que Stendhal n'ait pas admiré, n'ait pas aimé
Chateaubriand, cela se conçoit de reste, et le contraire serait assez étonnant. Il y avait antipathie

---

1. Voir, par exemple, la lettre, de Victor Hugo à Chateaubriand du 16 décembre 1840, et la réponse de Chateaubriand
dans les *Souvenirs et Correspondance de Mme Récamier*, t. II,
p. 504-505.

fatale, incompatibilité forcée entre deux esprits qui
étaient aux antipodes l'un de l'autre. Mais qui croi-
rait qu'il a pu se rencontrer un grand poète encore
moins tendre que Stendhal pour Chateaubriand, avec
cette circonstance aggravante que si Stendhal dit du
mal de Chateaubriand, il ne le reconnaît pas pour
un maître, ni pour le sien, tandis que Lamartine
l'avoue pour tels?

Or le trait le plus acéré, le plus envenimé est parti
de la main de Lamartine, c'est-à-dire de celui qu'on
aurait pu croire le moins capable de céder à cet
entraînement trop commun parmi les grands hommes, et qui les pousse à ne point parler volontiers
ou à mal parler de leurs prédécesseurs ou de leurs
successeurs. C'est à l'heure de sa vieillesse déçue,
morose, tournant la meule du travail mercenaire,
que Lamartine a trahi ce reste d'infirmité humaine
qui perce parfois dans ceux qui honorent le plus
l'humanité.

Un Lamartine qui cesse d'être généreux, un Lamartine qui mêle du fiel à son miel, un Lamartine
qui se venge, cela est assez inattendu. C'est cependant le triste et curieux spectacle dont nous donnent
la surprise les nombreuses pages du *Cours de littérature*[1] consacrées par l'auteur des *Girondins* à M. de
Marcellus, à Chateaubriand et à Mme Récamier.

Ces 260 pages sont une diatribe en règle, un

---

1. Les deux tiers du tome II des trois volumes tirés du *Cours
familier de littérature* par M. de Ronchaud sous le titre de
Souvenirs et portraits, p. 17 à 278.

réquisitoire en forme, pour tout dire un vrai pamphlet contre Chateaubriand. Ce n'est pas qu'il n'admire Chateaubriand et qu'il n'affecte de le louer ; mais il reprend en détail ce qu'il a dû accorder en bloc. Il reconnaît le génie de Chateaubriand, mais il ajoute aussitôt qu'il en a fait mauvais usage, et il ne salue son esprit que pour mieux nier son cœur. Il ne le confesse grand qu'après avoir tout fait pour le rapetisser, et il n'embrasse sa gloire que pour mieux l'étouffer.

Chose singulière et qui serait faite pour étonner la critique, si elle n'avait pas pour premier devoir de ne s'étonner de rien, Lamartine, qui affecte de considérer Chateaubriand comme un poète, comme un artiste de décadence, affecte, en revanche, de le considérer comme un homme d'État de premier ordre. Il lui trouve du génie surtout en politique, et il pousse l'esprit de paradoxe ou de contradiction jusqu'à louer *Moïse*. Mais, à ses yeux, le chef-d'œuvre de Chateaubriand, ce n'est pas le *Génie du Christianisme*, ce n'est pas *René*, ce n'est ni l'*Itinéraire*, ni les *Martyrs*, c'est la guerre d'Espagne. Tout ce travail de louange et de critique alternée et contrariée, félinement perfide, où la griffe perce à tout moment le velours, est d'une singularité rare. Il détonne dans l'œuvre de Lamartine.

Nous avons hâte de jeter le voile d'un respect attristé sur les erreurs d'un noble esprit, qui a eu aussi son jour d'ivresse jalouse, pour arriver à des jugements plus désintéressés et plus équitables.

Caractérisant l'originalité et « l'influence du premier écrivain du XIXᵉ siècle, dans l'ordre du temps
et du génie », Villemain constate « qu'il a changé,
dans l'ordre moral, une partie des opinions de ce
siècle; qu'il a ramené la littérature à la religion et
l'esprit religieux à l'esprit de liberté; qu'il a été
rénovateur dans l'imagination, la critique et l'histoire ».

Nous arrivons au jugement ou plutôt aux jugements
divers de Sainte-Beuve.

Il déclare, dans la préface de son ouvrage sur
Chateaubriand et son groupe, datée de septembre
1849, « avoir reconquis sa liberté, être échappé au
charme, et n'être pas enchaîné par la reconnaissance ». « Car, » ajoute-t-il, « en dépit de son nom
prononcé avec éloge en deux ou trois circonstances,
il n'en a pas moins ressenti combien, en toute occasion, M. de Chateaubriand s'est montré peu favorable et même contraire à l'ordre d'idées et d'efforts
poétiques auxquels sa jeunesse s'était associée, et
que sa vieillesse était faite pour accueillir, puisque
la source avait jailli sous son ombre et comme entre
les pieds du vieux chêne. »

Mécontent de l'auteur de *René* comme romancier
et comme poète, Sainte-Beuve le lui fait bien voir
en soumettant son œuvre à une critique méticuleuse,
qui se dédommagera des admirations de détail par
un jugement final refusant le premier rang à celui
qu'on a cependant reconnu comme « le plus illustre
de nos écrivains modernes », comme « le plus grand

et le plus signalé des personnages littéraires qui parurent à l'entrée du siècle ».

Nous nous abstiendrons de discuter ce jugement, nous bornant à faire remarquer que ses restrictions alambiquées laissent encore une assez belle part à l'éloge.

Nous pourrions reprocher quelque chose des mêmes subtilités et des mêmes ambiguïtés, quant à la place et au rang définitifs de Chateaubriand, au meilleur historien de notre littérature, à M. Nisard, l'homme de la critique par *profits et pertes* et par *bilan et balance de compte* de l'esprit français. Nous n'aimons pas beaucoup ce système, réduisant à des formules arithmétiques les satisfactions ou les mécomptes du goût, mais l'écrivain, chez M. Nisard, est de beaucoup supérieur au système.

M. Nisard ne marchande pas à *René* des éloges et des hommages que M. de Loménie lui refuse absolument, trouvant que « cette œuvre d'art repose sur un fond tout à la fois faible et faux », qu'*Atala* passera peut-être moins que *René*, « ajoutant qu'en tout cas, le *Génie du Christianisme* et les *Martyrs* ne passeront pas ». Aux yeux de M. Nisard, *René* est un chef-d'œuvre et le chef-d'œuvre de Chateaubriand. Il admire comme il convient *Atala*, mais *René* lui inspire des pages où il échappe à sa froideur habituelle, et où sa gravité s'émeut et s'attendrit. Il reconnaît qu'il l'a lu et relu et une dernière fois avant d'en parler, et qu'il n'a jamais pu le faire sans des larmes d'émotion et d'admiration. Il déclare que « le *Génie du Christianisme*, si éclatant à son apparition, aujourd'hui trop déchu, est quelque chose de moins qu'un chef-d'œuvre, mais qu'il est beaucoup plus qu'une influence. Il a rappris à notre pays le chemin des deux antiquités. »

Glorifiant le rôle et l'influence du *Génie du Christianisme*, des *Martyrs*, de l'*Itinéraire*, M. Nisard ajoute : « Les mêmes livres qui rendaient à l'esprit français ses vrais guides ouvraient devant lui des horizons nouveaux. Toutes les nouveautés durables de la première moitié du xixᵉ siècle en poésie, en histoire, en critique, ont reçu de Chateaubriand ou la première inspiration ou l'impulsion définitive. »

M. Nisard réserve toutes ses sévérités pour Chateaubriand homme politique, pour son ambition d'une gloire incompatible avec son caractère et son talent, qui gâta l'un et l'autre chez lui sans en faire un homme d'État. Il est surtout inexorable pour les *Mémoires d'Outre-Tombe*. Mais il reconnaît dans Chateaubriand « peut-être le plus brillant de nos écrivains en prose ». Il signale dans son œuvre nombre de pages « qui sont restées belles et qui de jour en jour entrent plus avant dans la lumière des œuvres qui demeurent ». Il évite de se prononcer dans cette dispute, « qui est de la gloire encore, entre ceux qui ne peuvent le souffrir au premier rang et ceux qui ne se contentent pas pour lui du second ».

Pour les représentants de la critique plus immédiatement contemporaine, ces subtilités et ces ambiguïtés sur la place et le rang définitifs de Chateau-

briand sont puériles et superflues. Cette place est
sans conteste la place d'honneur ; ce rang, c'est, non
moins évidemment, le premier. Les rancunes et les
jalousies soulevées par les *Mémoires d'Outre-Tombe*
ne les touchent pas. Ils sont désintéressés dans la
question de la politique de Chateaubriand. Les
mérites ou les erreurs de la guerre d'Espagne, les
attaques contre la monarchie de Juillet leur sont
également indifférents. Ils sont dans les meilleures
conditions d'impartialité.

Nous ne citerons que le plus brillant d'entre eux,
celui qui a su donner la forme la plus vive et la plus
neuve à son admiration. Selon M. Émile Faguet,
« Chateaubriand est la plus grande date de l'histoire
littéraire de la France depuis la Pléiade. Il met fin
à une évolution littéraire de près de trois siècles,
et de lui en naît une nouvelle qui dure encore, et se
continuera longtemps. Ses idées ont affranchi sa
génération ; son exemple en a fait lever une autre ;
son génie anime encore celles qui ont suivi.... Son
christianisme sincère, mais d'un titre si peu certain,
est devenu la forme même, vague et flottante, du
sentiment religieux moderne.

« Son influence sur les mœurs a été considérable,
à ce point qu'il les a touchées en leur source, au
fond de l'âme. La désespérance, la mélancolie, la
fatigue d'être sont devenues des états ordinaires
après lui, et des habitudes morales, et jusqu'à des
attitudes mondaines. Un instant oubliées, et à peine,
elles renaissent à l'heure où nous sommes. Son

génie littéraire a ouvert toutes grandes toutes les
sources. Il a compris toutes les beautés de tous
les temps et de tous les mondes, et invité tous les
talents à y puiser.... Il est l'homme qui a renouvelé l'imagination française. »

Après tous ces témoignages, la cause, on peut le
dire, est entendue, et nous pouvons procéder au
dénombrement de la famille d'esprit, de la postérité
littéraire de Chateaubriand. Bien peu de noms
célèbres du siècle échapperont à cette glorieuse
liste.

Il faudra y placer Victor Hugo, Lamartine, Alfred
de Vigny, Alfred de Musset, Brizeux, Victor de
Laprade, Leconte de Lisle dans la poésie. Il fau-
drait y ajouter Béranger, si l'on pouvait prendre au
sérieux ses lettres d'hommage, qui attestent l'admiration du célèbre chansonnier, mais ne sauraient
établir la moindre filiation entre Chateaubriand et
lui.

Dans l'histoire et la philosophie de l'histoire, Ballanche, M. de Barante, Augustin et Amédée Thierry,
Michelet (jusque dans ces lettres d'Italie [1830],
récemment publiées et où il imite le maître, tout en
critiquant et en contredisant sa manière de voir
et de peindre la Ville Éternelle et la campagne
romaine), Edgar Quinet, M. de Salvandy, M. de
Carné, M. de Champagny, Frédéric Ozanam relè-
vent incontestablement du génie, des idées, du style
de Chateaubriand et lui doivent l'hommage de suzeraineté.

Dans l'histoire biographique, archéologique ou plus spécialement littéraire, dans la critique et ses domaines variés, Villemain, Ampère, Ch. Lenormand, Sainte-Beuve, Louis de Loménie, Philarète Chasles, M. de Marcellus, Armand de Pontmartin ont reconnu et salué l'influence inspiratrice et directrice.

MM. de Montalembert, de Falloux, les PP. Lacordaire et de Ravignan dans la chaire et à la tribune, Louis Veuillot dans le journalisme, procèdent de lui à des degrés divers et ont aiguisé leur talent sur sa meule.

Cette influence, longtemps souveraine, a subi depuis sa mort des vicissitudes et des éclipses qui ne l'ont pas éteinte. Ses restes durent encore et semblent même, depuis quelques années, comme le constatent MM. G. Pellissier et Faguet, se ranimer. On en retrouverait facilement la trace, pareille aux reflets des derniers rayons d'un soleil grandiose, se couchant sur des ruines, dans les manifestations de plus d'un talent contemporain. Et cela dans les genres les plus divers. Après Charles Nodier, Émile Souvestre, George Sand, Gustave Flaubert, Barbey d'Aurévilly, Eugène et Maurice de Guérin, Mme Augustus Craven ont avoué hautement les bienfaits de l'astre toujours fécond.

Et si le comte de Mun, le vicomte Melchior de Vogüé, Pierre Loti n'en faisaient pas de même, il y aurait dans leur cas inconscience ou ingratitude. Nous les considérons comme incapables de l'une ou de l'autre. Le rénovateur du roman ethnographique et psychologique, à cadres exotiques et maritimes, se vante, dit-on, de n'avoir pas de bibliothèque (comme le faisait Chateaubriand lui-même, par une affectation qui faisait sourire ses amis) et de ne lire d'autres livres que le livre du cœur humain, le livre de la mer et le livre du ciel. Nous serions bien étonné pourtant s'il n'avait pas lu *Atala, René, Paul et Virginie* et s'il ne devait rien à leurs auteurs, ces grands peintres de la nature et de la femme sous le ciel tropical, ces grands maîtres de l'art de peindre le nuage, la tempête, le naufrage.

De même nous serions fort surpris d'apprendre qu'il n'y avait ni Bernardin de Saint-Pierre, ni Joseph de Maistre, ni surtout Chateaubriand dans la bibliothèque juvénile de l'auteur des ouvrages qui nous ont initiés aux mystères de la nature et de l'âme slaves, nous ont donné le mot de l'énigme du roman russe, ont formulé pour nous les leçons de ce grand concours de peuples de la dernière Exposition universelle, ou la moralité des spectacles contemporains. M. de Vogüé est le seul penseur et le seul écrivain contemporain, capable d'écrire, et il le fera peut-être un jour, un nouveau *Génie du Christianisme*.

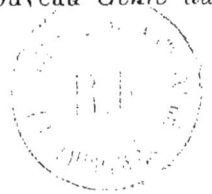

FIN

NOTE BIBLIOGRAPHIQUE

ŒUVRES DE CHATEAUBRIAND.

Premières éditions.

Essai historique, politique et moral sur les révolutions anciennes et modernes, etc., Londres, 1797-1798, 2 parties in-8.

Atala, 1801, in-18.

Génie du Christianisme, 1802, 5 vol. in-8.

Atala et René, 1807, in-12.

Les Martyrs, 1809, 2 vol. in-8.

Itinéraire de Paris à Jérusalem, etc., 1811, 3 vol. in-8.

De Buonaparte et des Bourbons, 1814, in-8.

Réflexions politiques, etc., 1814, in-8.

Mélanges de politique, 1816, 2 vol. in-8.

De la monarchie selon la Charte, 1816, in-8.

Mémoires touchant la vie et la mort du duc de Berry, 1820, in-8.

Œuvres complètes, 1re édition, 1826-1831, 31 vol. in-8.

De la Restauration et de la monarchie élective, 1831, in-8.

Études et discours historiques, etc., 1831, 4 vol. in-8.

De la nouvelle proposition relative ou bannissement de Charles X, etc., 1831, in-8.

Aux électeurs, 1831, in-8.

Courtes explications, etc., 1832, in-8.

Mémoire sur la captivité de Mme la duchesse de Berry, 1833, in-8.

Voyages en Amérique, en France et en Italie, 1834, 2 vol. in-8.

Essai sur la littérature anglaise, 1836, 2 vol. in-8.

Le Paradis perdu de Milton, traduction, 1836, 2 vol. in-8.

Le Congrès de Vérone, 1838, 2 vol. in-8.

Vie de Rancé, 1844, in-8.

Mémoires d'Outre-Tombe, 1849-1850, 12 vol. in-8.

— Éditions usuelles et courantes des œuvres, complètes ou partielles, très nombreuses, Pourrat, Furne, Garnier, Firmin-Didot, Michel-Lévy, Jouaust, etc.

TABLE DES MATIÈRES

LIVRE I

L'HOMME ET LA VIE

CHAPITRE I. — Saint-Malo et Combourg. — Influences
de famille et d'éducation, 1768-1785..   7
— II. — Deux nouveaux mondes. — La Révolu-
tion et l'Amérique, 1786-1792........   27
— III. — Londres et l'émigration, 1792-1800.....   43
— IV. — Triomphes et disgrâces, 1800-1814......   57
— V. — Ambassades et ministère, 1814-1827.....   95
— VI. — Révolution et retraite. — L'Infirmerie
Marie-Thérèse et l'Abbaye-aux-Bois,
1827-1848........................   116

LIVRE II

L'ŒUVRE ET L'INFLUENCE

CHAPITRE I. — Philosophie. — L'*Essai sur les révolutions*. — Le *Génie du Christianisme*,
1798-1802........................   143
— II. — Littérature. — Voyages, romans et
poèmes, 1803-1811.................   151
— III. — Histoire, 1831-1848.................   175

CONCLUSION...................................   196

Coulommiers. — Imp. PAUL BRODARD.

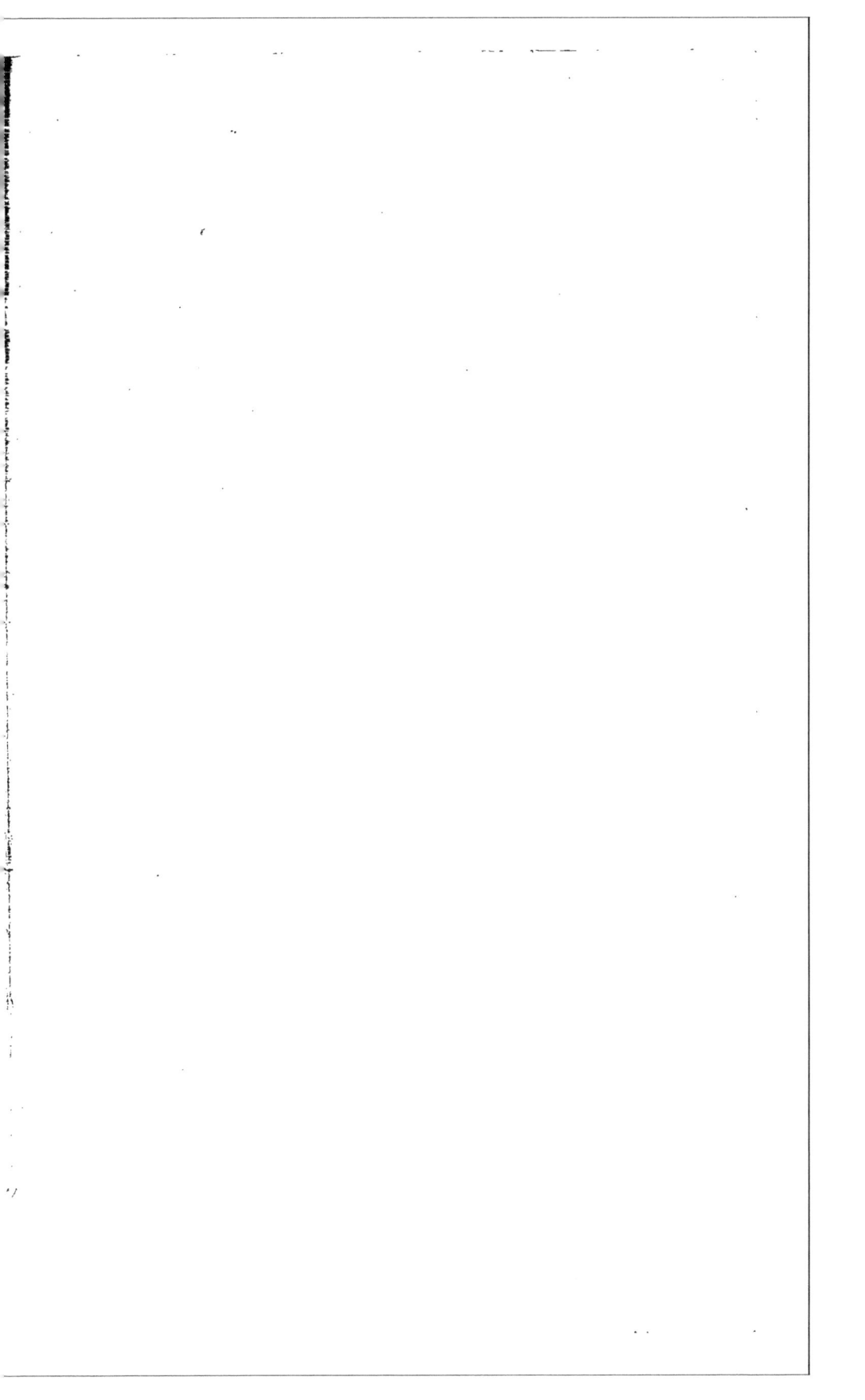

DESACIDIFIE
A SABLÉ - 2009

BIBLIOTHEQUE NATIONALE DE FRANCE

3 7502 00853503 3

www.ingramcontent.com/pod-product-compliance
Lightning Source LLC
Chambersburg PA
CBHW060028100426
42740CB00010B/1641